ちくま文庫

父親になるということ

藤原和博

筑摩書房

目次

父親になるということ

はじめに

この本を通じて読者に伝えたかったことは、ひとことで言えば、子育てに「正解」はない、ということ。

これから子育てを始める若いカップルにも、保育園に我が子が馴染めず苦しい立場の働くお母さんにも、小学校で不登校気味になってどうしたものか分からない親御さんにも、中学校で反抗期に入り息子や娘に口をきいてもらえないお父さんにも、ちょっと読んでみてもらいたい。

そう思って恥を忍んで書いた、私自身の子育て物語なのです。

とはいっても、輝かしい成功の物語ではありません。多分に「ああ、勘違い」な要素が濃いから、「正解」とはほど遠い。

みんな学校で習ったこともないこと、親からもきちっと教わったわけではないことに挑戦しているんだということ。立派に子育てしているように見える人でも、右往左往しながら試行錯誤していることを知ってもらいたかったのです。

物語は、当時四歳の長男を連れて、私たち夫婦が九三年、ロンドンに移住し、学校探しをするところから始まります。

長男のこのときの言動を記録しはじめたのは偶然だったのですが、それが九六年に日本に帰国するまで続きます。日記をつけてもいつも三日坊主で終わる私にとっては奇跡のようなことでした。

帰国後、十八年間勤めた会社を辞め、会社と個人の新しい関係を求めてフェローとなりました。そして、新しい働き方と生き様を提案した『処生術』（新潮社、現在はちくま文庫に収録）を出版。このデビュー作がベストセラーとなったために、幸運にも出版社からの執筆依頼が相次いだのです。

いまでは文庫も含めて九十冊以上の著書があります。その中で、長男の四歳から六歳までの子育て記録である本書は、私にとって、家族の私生活を実名で記録した唯一のドキュメントです。

九八年に最初に単行本として出版していただいたのが、日本経済新聞社（現在は、日本経済新聞出版社）。このときのタイトルは『父生術』でした。「父親とは何なのか？」の本質を問いかける内容だったから「父性術」でもよかったのですが、当時の編集者の山田嘉郎さんが、真ん中の「生きる」という字にこだわった。

デビュー作の『処生術』も、上手に世渡りするという意味の「処世術」ではなく、新しい働き方によって「生きるチカラが深まる本」にしたかったから、『処生術』とした経緯がありました。

であれば、従来型の、ああ勘違いな「父性」の発揮ではなく、子育てを通じて、新しいライフスタイルを発見する父親像が大事だろう。父であることを発見するということは、父として、新しく生まれ変わる必要があるのだろう……というわけで『父生術』となったのです。

その後、新潮社から『母にできること、父にしかできないこと。』のタイトルで文庫化されましたが絶版になり、アマゾンの中古本コーナーで定価以上の値をつけて取引されていたこともありましたが、再度、日本経済新聞出版社から文庫として、『父親になるということ』というタイトルで蘇ったものの、これも絶版に。今回が三度目のカムバックということになります。

なぜ、この本が読み継がれているのか？

それは、成熟社会に合った「新しい父親像」を提示しているからだと思います。

二十世紀の高度経済成長期に「正解」と考えられていた力強いが暑苦しい父性では

なく、二十一世紀の、モデルとしての「正解」のない時代に、子どもに教えてもらいながら学び続ける父親像です。

いま、私たちが育てている十代の子どもたちが社会に出る十年後には、会社の数は倒産や合併で半分になっているでしょうし、その半分に外国の資本が入るでしょう。世界の人口の半分が中国人とインド人で、アジアの発展途上国の半分が成熟期に入る。大学も、もはや学部だけの新卒では就職できなくなるかもしれません。修士や博士、留学経験、三カ国語以上の言語、あるいはアフリカでの二年間の医療ボランティア経験などが武器になるのでしょうし、東大卒でさえ、有利であり続けるかどうかは怪しい。

彼らは、確実に、私たちが生きたのとは違う時代を生きるのです。

みんなが信じられる一般解、こうすれば上手くいくという法則や教科書が通用しない時代……「正解」のない成熟社会を。

また、読者である母親たちから「父親が主人公なのに、奥さんの母としての姿のほうに感銘を受けた」との感想も多かった。子どもは五歳児前後で神様の言葉「真言」を語ります。それは父親や母親に対する「教え」。「その言葉に耳を傾けることで、自分の人生が変わった気がする」という感想も。

もっと嬉しかったのは、「早く結婚して、子どもを育ててみたいと思った」という二十代の若者からの素朴な感想。この本が、ますます進む晩婚化、少子化への迎撃ツールとして、結婚式を挙げるカップルへのプレゼントに使われるのを歓迎したいと思います。

さて、エピローグに出てくる「ランドセル」にまつわる最近の話題で、「はじめに」を締めましょう。

当時、ピッカピカの小学一年生だった主人公の長男はもう（二〇二一年）、三十二歳のＩＴ系ビジネスパーソン。韓国人の妻を迎えて国際結婚しました。

長男が「ランドセル」ではなくリュックで小学校に通ったからか、結局我が家は、二男も長女も、三人とも全員リュックで通しました。

しかし、あれから二十五年経っても、依然として「ランドセル」は根強いですね。最近ではメーカーがＡ４判（大型）の教科書や教材が入るか入らないかや、軽さで競争したりしています。両手が空くから雨の日も安全で合理性があるのですが、もうそろそろ新しいスタイルが出てきていいのではないでしょうか？

ちなみにフランスのリセ（小学校）では、横長で布地のお洒落なランドセルが使われています。

我が子に、小学校で「ランドセル」ではなくリュックを背負わした私が、あろうことか、その後新しい「ランドセル」の開発に関わったのは、オモシロい縁だと思います。

コンセプトは『二十一世紀のランドセル』。小中学生から高校生や大学生にいたるまで、紙の教科書だけでなく、ｉＰａｄのようなＩＴ機器とテニスラケットやお弁当を収納できるリュック型のキャリーケース。両手が完全に空くように、運動靴も一緒に入る容量を確保しました。

もちろん、ビジネスパーソンの間に増えている自転車通勤族なら、ＰＣと書類と着替えを入れて背負うでしょうし、地元のクラブでテニスを楽しむシニア族には、お洒落なテニスバッグにもなるでしょう（これはすでにカタログギフトを扱うリンベルから商品化され、売り切れてしまいました：笑）。

それはともかく……

入学したら、ランドセル。

男の子には黒、女の子には赤の、あの皮のランドセル。

これは、典型的な二十世紀ニッポンの常識だったかもしれません。

でも、私には、それは、子育てに唯一の正解があるかのように勘違いする、日本人のパターン思考の象徴であるようにも思えるのです。

新しい世代の親たちから、この常識を覆す発想が出てきていい。

この本を読んで、子育ても「正解主義」から、そろそろ決別してみませんか？

藤原和博

二〇二一年九月

プロローグ　旅立ち

1992年　春

　息子を連れて公園に出かけようとしていた日曜日。

私は、自宅近くの駐車場のわきに咲いていた沈丁花《じんちょうげ》の花の前で、二歳の息子が発したつぶやきに、言葉を失ったまま立ちつくした。

「玄《げん》ちゃん、公園へ行くんだからそっちじゃないのよ。こっちこっち、さあ、早く行こう」

　いつものように、そう促して、足早に公園への道を急ごうとする父の言葉が耳に入らないかのように、長男はヨタヨタと左右に身を振りながら、一直線に沈丁花の花の方へ向かった。

　妻はこの花の咲く季節に生まれたから「かおる」という名がついたのだと何度か聞かされたことがある。だから息子の玄にも、抱っこをしながら花弁に鼻を近づけさせて、「お母さんが一番好きな花なのよ、いい香りでしょう」と教えたことがあるのだろう。

玄は腰を大げさに折るようにして、道ばたに咲いているお母さんの花のにおいをかぐそぶりを見せる。ひとつ終わるともうひとつ、なにか感触を確かめるように飽きずに鼻を近づけては繰り返す。

私の頭のなかには、早く公園に連れて行って、ブランコや滑り台で遊ばせているうちに疲れて昼寝をしてくれたら、その間に、今日こそ図書館に行って本を返さなくちゃなどという思いがある。だから、道草をこれ以上歓迎する寛容さもなく、再び玄を急がせる。

「玄ちゃん、早く。きっと公園で鳩さんが待ってるから。ね、もう行こ!」

次の瞬間、玄は離れがたさを吹っ切るように腰を伸ばしてから、ちょっとだけ首をかしげるようにして、花に向かって、

『ありがと』

と、つぶやいた。

私はその日一日中、まだお話もよちよち段階の幼児が、道ばたの花に対して発した

感謝の言葉の意味を考えていた。

お母さんの香りのする沈丁花の花に素直に、におわせてくれてありがとうと言ったんだろうか。そんなはずはない。仏教の英才教育をほどこしたわけではないし、だいいち感謝のこころなどという抽象概念が、すでに彼のなかに形づくられているのかだってあやしい。

「何にでも感謝をしなさい」と、キリスト教の教えを繰り返したわけでもない。「じゃあね」とか「バイバイ」なら人に対してだけではなく、道で出合った犬にも声をかける。帰りがけにそれまで乗っていたブランコに対して、「バイバイしようね」などと私が促すこともある。「いいにおいだね」なら納得するし、「ごちそうさま」なら笑っていられる。

しかし、〝ありがとう〟は、どうしても私には謎だった。

この謎は長い間、私のなかに未発酵のままとどまることになる。

サラリーマンとしての日常は、このような疑問を放っておくには十分なほど忙しかった。

長男が生まれた当初は、子どもという存在が自分の目の前に現れたことや、その人形のような生き物をおふろに入れる行為そのものが、私に未知の興奮をもたらした。

言葉が出てくればさらに興奮は高まる。例にもれずハンディ・ビデオを買い求め、赤ちゃんを抱いた写真で年賀状を出し、アルバムは長男の写真だけで埋めつくされていった。ビジネスマンとしては、おむつの替えも一緒の入浴もかなりひんぱんにやる〝よくやるほうのお父さん〟だったとは思うが、この物語のなかで私が問いかけようとする〝父性〟については、意識があったかというとはなはだあやしい。

この時点ではまだ、私は「ポケモン」や「たまごっち」のような育成ゲームをやっているのと何ら変わらず、日々画面の変わる日常に興奮していただけかもしれない。

三十二歳まで独身であった私には結婚してすぐに長男ができたのだが、それは、独身のサラリーマンの私の家族が、妻ができて二人になり、子どもができて三人になったというだけで、家族のなかでの父の役割についての問いかけは、まだ誰からもされてはいなかった。

父親である喜びはあったが、父ではなかった。

私はまだ、父になれずにいた。

家庭での育成ゲームに慣れてきたころ、一方で私は仕事の行きづまりを感じていた。時代を先取りして会社が持っている情報のデジタル化とマルチメディアソフトの出版を始めたのだが、この意義をなかなか会社が理解してくれない。先走って進めていたものにストップがかかる。集めたスタッフを解散しなければならない。私はこのリストラを実行する過程で、新規事業を担当するものが時折陥る、会社と自分の関係における〝閉塞感《へいそくかん》〟に襲われていた。

〝閉塞感〟を切り崩すものは、同じ場所にとどまっていても得られない。

だから私は家族を連れて一度海外に出ることにした。いや、リスクを覚悟で、いったん現状の沈滞から逃れることにした。理由は何でもよかったのだが、会社には「新規事業の芽を見つけに行く」と報告しておいた。

妻のかおるは意外なほどあっさり海外への移住に賛成してくれた。私がこの決意を打ち明けた日の翌日遅くに帰宅すると、早くもＮＨＫのラジオ英会話を聴いている妻の姿があった。この時点では玄だけが、親の都合に振り回される被害者かもしれなかった。

二歳の玄が謎の言葉をつぶやいてから、一年半がたとうとしていた。

結局ロンドン大学にいる友人が私を客員研究員として招いてくれることになり、会社からの留学生として、一九九三年十一月、私は妻と四歳になった玄を連れてロンドンに旅立った。このとき、妻のおなかの中には八カ月になる赤ちゃんがいた。

玄にとっては、そこは初めてのガイコクで、もちろん英語はまったく分からない。大きなショックを受けるけれど、子どもだからすぐ慣れるだろうという周囲の言葉を私たちは疑わなかった。すぐに二番目の子も生まれるから、見知らぬ土地での出産の手はずで妻は頭がいっぱいで、そのへんは軽く考えるよりしようがない。私も二カ月後には英語で初めての講義をしなくてはならない。さらにその後、日本に持ち帰れる新しい事業の芽がうまく探せるかどうか。正直いって不安だらけだ。

自分は外国の社会で通用するのか。ビジネス英語もろくにできないのに、外国人に相手にされるか。質問されたことの意味が分かるだろうか。私自身にもかつてないほどの〝存在感の危機〟が襲ってきた。

しかし一方で、玄と私の双方に同時に、この〝存在感の危機〟が襲ってきたことが、私のなかの何かを呼び覚ました。

妻が臨月だったので、学校を探すのも校長先生との交渉も、主として私の役割だったこともある。はじめ学校に行くのが嫌だった玄との、慰《なぐさ》め、励まし、叱咤、涙、困惑、説得、怒り、落胆、後悔、そして笑いと、ごちゃ混ぜの対話を通して、私には初めて、幼児の世界を理解するキッカケが与えられた。

いや日本でも、あの『ありがと』の言葉のように、さんざん機会はあったのだが、父親ゲームをやりながらアルバムを笑顔の写真でいっぱいにすることが父の役割だと勘違いしていた私には、気づけなかっただけだ。

ロンドンでの四歳の息子との対話はのちに、私自身がどれほど無意識のうちに、自分の父の姿を真似てしまっているかをあぶりだした。父を反面教師にして、できるだけ避けようとしているはずの自分が、なぜか玄を叱るような場面では、父の〝父らしさ〟から逃れられないでいる。

そして息子に対する〝このような人になってほしい〟というわずかな願いにさえも、父や母から影響された古いイメージが忍び込む。もっとやっかいなのは、私自身が日本の戦後教育から刷り込まれた呪文の数々だ。高度経済成長の戦士たちを増産した受験制度と、それに直結した企業でのサラリーマン教育の影が、自分の息子をもおおう。

学校でそのように教育されるのではない。私の言葉や態度の端々に、そのことが染みついており、子どもにじわじわ染み通ってゆくのだ。

しらずしらず、父はコピーを作ろうとする。

私は、移住してから半年がかりで四苦八苦して、しだいにガイコクでの存在感を増してゆく長男・玄の姿を見ながら、〝父には何ができるのか〟を自問していた。恥ずかしい話だが、父という存在の意味について初めて考えた。

そして、自分自身が生きてきた環境、父や母、学校、受験、一貫して成長してきた日本経済と社会、そしてサラリーマンとしての十六年が、私の考えやものごとへの態度にどのような影響を及ぼしたかを反芻《はんすう》する。するとそれまで意識することはなかった私のなにげない妻への態度や、息子に要望するときの言動など、自分の行動が、それらのものに計り知れない影響を受けていることが分かってくる。

私は、息子をその呪縛《じゅばく》から逃がしてやらねばならないと思った。逃がしてやることが、子どもの存在感を強めてゆく。自分が受けた呪縛で、さらに子どもを縛ろうとすると、彼らのこころのなかで、自分に対する自信が弱められてしまう。

だから父はまず、自分が何に呪縛されているかを知らなければならない。

この物語は、子育ての成功例をドキュメントしたものではないし、効率的なノウハウを伝授するのでもない。ましてや〝父性〟というものの本質を個条書きに整理するたぐいの本でもない。

サラリーマンの私が、父親になって初めて息子と面と向き合って対話することで、新しい〝父性〟に目覚める自己発見の物語だ。

いや、正直に言ってしまおう。私は、この半年間の長男・玄とのコミュニケーションがなかったら、いまだに〝子ども好きなサラリーマン〟ではあっても、〝父〟にはなれなかったのではなかろうか。

父であること。〝父には何ができるのか〟という問いかけは、誰も教えてくれない大きな謎だ。学校も、会社も、自分の父や母でさえも教えてはくれない。

教えてはくれないが、そのヒントを投げかけ続けてくれるのは、実は一番身近にいる、息子や娘なのだと思う。

序章　ロンドンにて

1993年11月12日

私たちはロンドンに家族三人でやって来た。

私がロンドン大学ビジネススクールの客員研究員として一年間、日本企業の組織の活性化についてレクチャーをしながら、成熟社会にとって有効な新しいビジネスの芽を探すために、ヨーロッパへの移住を決断したからだ。

私と妻のかおる、そして四歳三カ月の長男の玄。かおるのおなかの中にはあと二カ月で生まれてくる赤ちゃんがいたから、小さな玄にとっては、これから起こることは三重のショックになる可能性があった。

初めておじいちゃん、おばあちゃんと離れて外国で暮らすこと。とりわけ大好きな私の母〝おまあちゃん〟と会えないこと。まったく話せない英語の学校に入ること。そして、下の子が生まれて一人っ子ではなくなること。

もっともこの時点の玄にとって〝ガイコク〟とは、夏に行く伊豆の海の隣にあるくらいのイメージだったので、とにかく飛行機に乗るのが嬉しくてしようがなかったのだ。だから出発の前の晩、実家での最後の夕食のときにも、しばらくは会えないおじいちゃんの前で、元気よく『行くぞ、オーッ』とやった玄だった。

ロンドンのヒースロー空港に着いた玄の第一声は、『ここ、ガイコクなの?』。ヒースローとロンドン市内のほぼ真ん中にあるウエンブリーという町で、玄の新しい一日が始まった。イギリスでは、九月の時点で四歳になっている子は小学校のレセプションクラスに入ることになっているため、すぐに玄の学校を決めなければならない。レセプションクラスというのはいわゆる準備学級のことで、一年間、小学校で一年生になるための準備をするクラス。絵を描いたり、工作をしたり、歌を習ったり、内容は日本の幼稚園の年長組とほぼ同じプログラムだ。

このようにイギリスの教育制度によって日本より一年早く小学校に入れることに加えて、玄は八月二十一日生まれで、九月から新学期が始まるイギリスでは早生まれに当たる。四月から新学期が始まる日本の学校制度で言えば、三月二十一日生まれの早生まれの子のようなもの。だから日本にいればまだ幼稚園の年中組なのに、二年以上も早く小学校という新しい世界に遭遇したことになる。

もちろん、英語はまったく分からない。

この町で私が借りたのはセミデタッチ・ハウスというタイプの家で、ロンドンではごく一般的な二軒がくっついたタイプの一戸建て住宅。左右に同じ造りの家が真ん中の壁をへだてて二つある二世帯住宅を想像してほしい。入り口は道路に面して建っており、それと反対側に、家の敷地とほぼ同じ広さの庭がついている。

庭には梨やリンゴの木が植えてあり、近くの森の住人なのか、庭の奥に植えてあるひときわ大きな木の住人なのか定かではないリスたちが、毎日訪ねて来る。ロンドンの中心部から、三十分ちょっと。家賃は庭の手入れを定期的にしてくれる庭師さんのサービス込みで、十七万五千円程度。ウィッカムヒルという丘の入り口にある二四番地。二世帯住宅の左側のドアが、わが家のドアだ。

私たちが借りた家から一番近いプレストン通りの幼稚園が、冬休みに入るまでの一カ月間、玄を預かってくれることになった。本当はもう四歳なのでだめなのだが、園長のモーガン先生が、英語の環境に少し慣れるまで、いきなり小学校はかわいそうだからと特別に入れてくれたのだ。

それから二カ月の間、玄は三重のショックに見舞われながら、それでも一生懸命ガイコクと闘った。

一章　プレストン通りの12月

幼稚園をやめる

1993年11月23日

玄は、プレストンロード・ナーサリースクールという名の幼稚園に通い始めて二日目だ。

かおるがついて行っているけれど、ためしに隠れてみたら、いつものサル顔で泣きわめいてしまったらしい。イギリスに来て十日になるが、もちろん英語はまったく分からないし、まだまだ慣れないのだから無理もない。日本でも、近くの幼稚園に入ってから二、三カ月は、いやだいやだと言っていつも泣いていた。

私が会社への道すがら玄を送って行くと、家を出てからおとなしくついて来たのに、いきなり門の前まで来てから帰ろうと言い出す。揚げ句のはてに、門の前に出迎えに来ている園長先生を指差して『だって、幼稚園なんて全然面白くないんだモン！』と叫んだこともあった。

その夜、いつもの通り、寝る前に玄とベッドでお話をする。これは日本ではかおるの役だったのだが、イギリスに来てからすっかり私の日課になってしまった。『今度来る赤ちゃん、英語分かるといいのにね……。だって、ここ外国だから、みんな英語しゃべるでしょ。だから赤ちゃんも英語しゃべるよ、きっと』

四歳の子どもなりに、自分が〝分からない〟ということ、〝英語がしゃべれない〟ということが分かる。初日に意気揚々と『じゃあ、お父さん幼稚園行ってくるからね！』と元気にバイバイして出かけた玄は、その日のうちに周囲の異常に気づかされた。

日本ではすでに、カナちゃんやシンタロウ君やハルちゃんと大の仲良しで、幼稚園が終わっても、最近できたばかりの中央公園で時を忘れて遊んでいた。おしっこをしたければどこへ行ってどうすればいいのか。砂場やスベリ台ではどんな決まりがあり、誰と一緒だと一番楽しく遊べるか。子どもたちには子どもたちなりに暗黙の、いろんな場所の意味づけや、お互いの関係性や距離感といったものがある。そんな言葉にならない流儀の数々に、十分に慣れ始めたところだった。

それがここでは通じない。

〝ガイコク〟に行くということは、きのうまでは玄にとって〝飛行機に乗る〟ということにすぎなかった。もちろんロンドンに来て周りの風景は変わったけれども、広いお家で庭を駆け回ることもできるし、ホテルにお泊まりしているのと変わりない。おなかの大きいお母さんは、東京にいるときと変わらず一緒にいる。お父さんと三人で地下鉄に乗ってロンドンのセンターに出ても、赤い大きな二階建てバスや黒いロンドンタクシーは確かに珍しいけれど、それらはやはり、井の頭動物園や渋谷の児童館で見る珍しいものの延長線上にある。お父さん、お母さんといるぶんには、玄にとってロンドンでの生活は、背景がちょっと違うだけの永福町での生活と変わらない。

ところが突然、恐怖はやって来た。

聞かれていることが分からない。何度も何かを聞いてくる金髪の先生は、きっと怒っているに違いない。お母さん、おしっこしたいけど、なんて言ったらいいの。

お母さん、いないの？

ぼく、分からないよお！

玄は、もうすぐ生まれてくる赤ちゃんは自分とは違って〝英語〟というやつを話すのかなと考えている。日本人とか、イギリス人とか、そんなことはまだ分からない。〝外国に生まれれば、英語でしゃべるようになる〟と思っている。

11月24日

夜、絵本を一冊読んでから、その日あったことなどを話して寝る。

今日は日本から持ってきた『じごくのそうべえ』(たじまゆきひこ著、童心社、一九七八年)の絵本だ。軽業師のそうべえが綱渡りの見せ物の最中に転落して生死をさまよう間、地獄を旅する物語で、関西弁の語り口が軽妙で面白い。筆書きふうの絵も強烈だ。なんでか理由は分からないが、最近、死んだらどうなるかということに興味を持っていて、よく聞いてくる。

『玄ちゃんや、お父さんやお母さんは、ずっと、ずっと、ずーっとするとどうなるの?』

「ずーっとすれば、そりゃ死ぬねえ」

『ずーっとすると、死ぬの?……へえーっ、カナちゃんもそう?』(カナちゃんは、日本にいたときの幼馴染みの近所の子)

「みんなおんなじ」

『死んでからどうなるの?』

「それからずーっとしてから、生まれ変わるんじゃないかな」

『また玄ちゃんになるの？』

「そうかどうかは、分からない」

『また玄ちゃんと、お父さんと、お母さんになるの？』

「そうかもしれないねえ」

『でもね、お母さんは、女の子かお母さんになるんだ』

「へーえ、そう」

『外国の人は、どうなるの？』

「どうだろう？　また外国の人かなあ」

『あのねえ、男の人は日本の人か男の子になるんだよ。知ってた？』

「知らなかった。そうなのかなあ」

11月25日

日本を出てそろそろ二週間がたとうとしている。

今日は私が玄と幼稚園に行った。かおるが行くと甘えてしまって、ベタベタ寄ってきてしまい、ずっとお母さんを意識して遊ぶ。そして、行こうとすると泣く。父親が行けば、怒られると怖いということもあって、なんとか外国の幼稚園の世界に入ろうとしてくれるんじゃあないか。

日本の幼稚園のときも、私の前では比較的冷静を装っていて、こころの中ではともかく、置かれた状況に向かっていこうとするようなところがあったから。

行く道すがら、玄の方から積極的とも思える質問が出る。

『おはようってどう言うの？』

「グッドモーニング」

『グッド、モーニング』

「玄ちゃん、今日、先生に言ってみる？」

『うん、言ってみる。グッド、モーニング。グッドモーニング』

歩いて五分足らずのナーサリーに着くと、玄は先生に寄っていって、大きな声で『グッドモーニング』と言った。

園長のモーガン先生とロマニン先生は、「グッドモーニング、ゲン。ユー　アー　グッドボーイ（いい子ねえ）」と言って迎えてくれた。

私は内心、やったーっ！　とほくそえんでいた。母親のかおると手柄を争うわけではないが、何しろ玄に早くこちらでの幼稚園の生活に慣れてほしかったのだ。引っ越してきたばかりで、かおるもやらなければならないことが山ほどあるし、私もロンドン大学での仕事が始まろうとしていた。
もう一カ月もすれば赤ちゃんがいつ来てもおかしくないから、それまでに、とにかく玄が慣れてくれればと二人ともあせっていたのだと思う。出産の後は、かおるも、「お母さんがついていってあげるから」とは言えない。

11月26日

幼稚園のモーガン先生から電話だ。かおるが送っていった後、はや三十分で玄がパニックを起こした。
"Your son is a little bit upset. Can you come as soon as possible?"
(息子さんがちょっと怖がってる様子なんで、すぐこちらに来られますか?)
どうも、泣き続けているらしい。かおるはそのままお使いに行っている。ちょうどまだ家にいた私は、この日の午前中いっぱい、幼稚園につき合わされることになった。テーブルの配置をかえる手伝いをしながら、モーガン先生と雑談をする。日本人や中国人の子どもを預かることが多いせいか、玄がたびたび大声で泣き出しても別にどうということもなく接してくれるのが嬉しい。この辺りのスクールはどこも生徒の顔を見ると多国籍で、ウエンブリー地区はとくにインド系の子が多い。

この幼稚園はユダヤ系の教会を借りて運営されている。しかし、キリスト教にもとづいて一応神様に祈ることを教えはするが、とくに宗派にこだわりはない。だから、中国系、スペイン系、アフリカ系と多彩で、生粋《きっすい》のイギリス系の子を探すほうがむずかしいくらいだ。

園長のモーガン先生は五十代の女性で、選ばれて下級裁判所の判事をやっている。ブロンドというよりはブラウンの髪をショートにして、どことなく威厳のある顔立ちだ。彼女は〝判事〟という英語を強調してから、「分かりますか？」と確認してきた。私の父も裁判所の判事ですと言うと、心なしか、私に対する態度が変わったように見えた。イギリス人は表面的にオープンなように見えて、実はしっかりとクラス意識を持っている。父が判事であるとか、母方は絵描きの狩野《かのう》派につながっているとか、日本だけかと思いきや、ここでも何がしかの効用があるようだ。

私はこんな小さな発見に少し得をしたような気分になっていた。

その日の午後は気分転換のつもりで、家の裏山にあるウエンブリーの丘にキノコ採りに行く。玄と二人で、スーパーの袋いっぱいに自然に生えたマイタケを採ってきた。

それを、かおるが近所の人々に分けて配る。私たちが住む家の両隣と向かい側の家のドアを叩いて、ニッポンの引っ越しの挨拶よろしく初めましてとマイタケを届ける。

"You can cook it with some butter. We cooked yesterday. It was so nice."

'Oh! Mushroom. That's very kind of you.'

"My husband and my son took it at this hill, you know, in the forest."

かおるのおなかはもはや誰の目にも明らかなほどパンパンであったから、出て来たおばあさんたちは皆、まあ赤ちゃんが生まれるの？　と声をかけてくれる。この辺りにもお年寄りの一人暮らしが多い。

このマッシュルームは、夫と息子の玄が裏のウエンブリーの森で採ってきたんですよというかおるの話に、玄が少しだけ得意そうな顔をしている。

11月29日

今日はロンドン大学で榊原《さかきばら》先生との約束があるので、九時から九時四十五分までで幼稚園をあとにする。ちょうど午前中のビスケットの時間の前までだ。

あと二カ月ほどで、ビジネススクールでの私の初めての講義がある。私が勤めている会社は、組織を活性化させるコンサルティングサービスのようなこともやっているから、日本での実例を、日本の経営手法に興味のあるＭＢＡ（経営学修士）コースのビジネスマンたちに講義してほしいというのだ。

私にとっては英語で講義をするなどもちろん初めての経験で、かなり緊張していた。日本からビデオを作って持ってきたので、スライドとあわせて三十分は間が持つだろうとは思ったが、やはり一時間ほどしゃべり続ける必要がある。二カ月の間に原稿を完成させて覚えてしまうほか手はなかった。

園長のモーガン先生が、絵本と音楽テープでバスの運転手さんの歌と体を洗うときの歌をやっている。

玄をみんなの輪のなかに座らせて途中から後ろに回り、ところどころ歌の意味を日本語で教えてやる。玄はちょっとリラックスしてきて、体を動かして一緒にやる気を見せている。もちろんまだ歌の歌詞は出ない。隣のイタリア系の男の子に私がまず手でさわって、指でほっぺたをちょっとつついてみる。そして、「玄ちゃんもさわってあげて」と言うと、玄も真似をしてその子にさわる。指でつつき合って、キャハハッと笑う。玄があんまりやりすぎて、その子が〝ノウ、ノウ〟と困った顔になったので、いったんやめさせた。

ビスケットを食べるときも、席についた玄の隣の女の子に、同じようにまず私がその子の腕のところをなでて、「よろしくね。〝げん〟です」と、ゆっくり日本語で言ってみる。すると、玄が真似をしてその子にさわる。だんだん笑顔が増えてきた。

「じゃあね、お父さんは会社なの。お母さんは玄ちゃんの大好きなお弁当の後に来るから、それまで玄ちゃんも頑張ってね」

本当はビジネススクールだが、日本にいるときから私がどこかへ出かけるときにはかならず『会社に行くの?』と玄が聞くので、めんどうくさいからそれで通すことにしている。わざとサラッと「バイバイ!」と言ってから、後ろを振り向かずに戸口に向かう。たちまちお猿さんの顔になってベソをかいているかもしれないと思うと、なんとも首筋がかゆいような気がした。

でも、父は〝踏ん切り〟を教えなければならない。背中で〝決意〟を教えなければならない。誰にも教わったことはないのだけれど、なぜかそう思った。

11月30日

水、木、金と三日間、この調子で十時前までの小一時間玄につき合い、かおるが十二時半から一時の間に迎えに行く。それで今週いっぱい頑張れたら、近くのスーパーで買い物をするとき、いつも玄が座り込んで眺めていた、お気に入りのサンダーバードを土曜日に買ってあげる約束をする。

『今日できたら、今日と、明日、サンダーバード買うでしょ』

「だめだめ、今日と、明日と、あさってできたらね。土曜日に買いに行こう！」

今週は午前中だけ預ける半日コースだったのだが、もしこれができたら、来週後半から三時までの一日コースで幼稚園に預ける練習をしてみたい。来年一月からの小学校のレセプションクラスでは、朝八時五十分から午後三時半までとけっこう長い。早く慣らしておかないと、小学校に行ってから途中でまたパニックにでもなったら大変だ。

その夜のいつものベッドサイドトークでは、

「玄ちゃん、今日も頑張ったのねえ。偉かったねえ。泣かなかった？」

『うん、ちょっと寂しかったけど。……ちょっと泣きそうになったけど、玄ちゃん頑張ったの』

「お友だち二人もできたんだって？　ゆうすけ君っていう子とあと誰？」

『…………』

かおるの話では、今日迎えに行ったとき、ゆうすけ君という玄よりちょっと背の高い元気な男の子と一緒に、ポニーテールの先生を指でつつきながらギャハギャハ笑っていたそうだ。そして、

『玄ちゃん、今日、二人もお友だちができたの！』

と、駆け寄ってきた。

「せいやちゃん、今日、いたよねえ。ちょっと咳《せき》してたみたいだったけど」

『うん、でも、せいやちゃん、玄ちゃんの方に寄ってこなかったの』

確かに一番初めに自己紹介をし合って、仲良しになれそうかなっと思っていたせいやちゃん。今日は、私の目にも、ちょっと様子が違って見えた。

朝、私が声をかけても一人で何かで遊んでいて、こっちへ寄ってこなかった。玄にも、今日は彼が自分と仲よくしようと思っていないことが分かる。寂しいという感覚が、もうはっきりと玄のなかにはある。

『とこちゃんはどこ』（松岡享子作、加古里子絵、福音館書店、一九七〇年）の絵本で、とこちゃん探しゲームをやっているうちに、玄は眠り込んでしまった。よっぽど疲れているのだろう。

12月2日

「玄ちゃん、お友だち増えた？」

『まだ二人だもん、増えてないよ。だってみんな、そっぽ向いてるんだもん』

「幼稚園、面白くない？」

『………』

「まだ？」

『まだ、あんまり面白くない。だってお友だちできないから』

「そう？　でも、ゆうすけ君やひろゆき君いるでしょ」

『うん、ゆうすけ君いるから、いいか？』


今通っている幼稚園の子は、あまり他の子と関わり合おうとしないで、みんな思い思いに遊んでいる。初めに仲良しになりたかった、せいや君が、そっぽを向いているのが玄には寂しい。ほとんどみんな三歳児だから四歳の玄とは興味がずれているのだ。

この時期の一歳の違いは大変大きく、他の子が赤ちゃんの延長線上にいるように見えるときもある。大人だったら三十歳と四十五歳ぐらいの開きがある感じだろうか。

また、日本人の子でも、こちらの生活が長い子は日本語が遅かったりして、話し相手にならないこともある。

いつも日本食の材料を仕入れに行くプレストンロード駅の南側にある伊勢屋のおかみさんが、玄に声をかける。

「四歳だったら、もう、ぼく、小学校に行くのねえ」

『うん、四歳の子がたくさんいるところに行くんだ』

玄の場合、今年までは一人っ子として、私たちがやや過剰ぎみに言葉の働きかけをしてきた。その他にも、とくに私の母（おまあちゃん）とはベッタリだった。そして父（おじいちゃん）も、かおるの母（東京ママ）と父（東京ママのおじいちゃん）も、入れ替わり立ち替わり、始終話しかけてきた。

そのせいだろうか。玄は言葉が早く三歳のときからかなりしゃべっていたので、こちらの幼稚園の子が、日本人の顔をしている子でもあまりしゃべらないのに当惑している。実際、半分は中国系の子だから日本語は分からない。

また逆に、言語的にかなり分かっていることが、英語による新しい世界になかなか馴染めないでいる原因になっているようにも思われる。

二歳とか三歳で連れてきて幼稚園に放り込んでしまえば、もっと早く慣れるのかもしれない。少なくとも、言葉による友人とのコミュニケーションよりはオモチャへの興味のほうが大きいはずだから、〝友だちができない〟ということをそれほど気にすることはないだろう。また、六歳以上になれば社会的な知恵がついてきて、つまらなかったとしても、無理して自分を同化させようとするのかもしれない。

四歳児は、そういう意味で過渡期の人間だ。すでに言葉を持っていながら、まだ十分に純粋で、自分の感情にストレートだから。

12月9日

玄は、もはや幼稚園を休んでいる。私がニースに出張している間に、かなり激しく嫌がったので、かおるが今週は休ませることにした。

玄を連れて車で四、五分のところにある一番家から近そうなアクセンドンマナー小学校に、もう一度様子を見に行く。私はもう三度目なのだが、この学校はいつ来ても子どもたちの様子が生き生きしていて校風の自由さが分かる。私が初めて訪ねたときには、校長のフーパー先生が廊下を歩いていた二人の女の子を指名して「この人たちはゲストだから学校をひと回り案内してあげてくれる？」と頼んだ。

帰りに、もうひとつ別のブロックにあるプレストンパーク小学校ものぞいてみた。

この二校が、東京の家の辺りにもある普通の小学校と変わらない典型的な地元の公立校のイメージだとすれば、もう一つ、同じ公立だがちょっと雰囲気の異なるのがマウントスチュワート小学校だ。たたずまいに、どこかイギリス風の気品がにじむ。住宅地にあるこぢんまりとした敷地にはびっしりと芝が敷きつめられている。

イギリスの芝は冬でも枯れないから鮮やかな緑色だ。私は昔映画で見た『小さな恋のメロディ』の主演トレーシー・ハイドとマーク・レスターの二人が、手をつないで、ビージーズの音楽にのって校舎から出てくるような錯覚をおぼえた。

ここでは、もし玄が入学したら担任になるはずのランバート先生にも会うことができた。がっしりと太った五十代の白人女性で、外国から来た子どもの扱いにも慣れているようだ。ちょっと見学に来たんですと言うと、すぐに玄の手をとって教室のなかの様子を見せてくれた。

いまのところ、アクセンドンマナーの子どもたちの自由な雰囲気をとるか、マウントスチュワートの経験豊かな感じの先生をとるか、まだ決めかねている。

玄は相変わらず死んだ後のことに興味があって、今日も朝食のときに、

『ずっと、ずーっとして、死んじゃったら、おなかの中のものはどうなるの？』

と、にんじんを食べながら、聞いてきた。

「みんな土にかえるのよ。人間も死んじゃうと、みんな腐って骨だけになっちゃうの」

『へえ、骨なの？　がいこつ？』

12月12日

ロンドンに来て一カ月がたった。玄は幼稚園をやめる。

結局二週間だけで、失礼させてもらうことになった。無理に行かせても、どうせすぐクリスマス休暇になってしまう。

かおるも、赤ちゃんが生まれるまでの間、玄の最後の一人っ子の時間を思いっきり甘えさせてあげるのだと言っている。来年からの小学校では大丈夫だろうかと不安は残るが、まあやってみるしかないかと私も居直った。

小学校は、マウントスチュワート小学校に決める。

レセプションクラスのランバート先生のところでは二人の日本人のお母さんがボランティアで手伝っており、その一人の中川さんの話を聞いて、かおるは腹を決めた。

マウントスチュワートはいわゆる地域のモデル校で、日本のお母さんたちの評判もいいようだ。中川さん自身の人柄にもひかれた。そして何より、日本語を話せるボランティアのお母さんが週に二日来てくれているなら、玄のためにも好都合だと考えた。私も第一印象がよく、ちょっと厳しそうだけど、いい学校だと思った。

アクセンドンマナー小学校が、オープンな感じの下町の雰囲気をただよわせる小学校だとすれば、マウントスチュワート小学校は、山の手にあるちょっと小ぎれいで私立っぽいにおいのする小学校だ。校舎も、アクセンドンマナーはコンクリート造りで私の通った区立の小学校を彷彿《ほうふつ》とさせるのに対して、マウントスチュワートの方は、手入れの行き届いた芝の緑のなかに、同じグリーンの切り妻屋根の教室がこぢんまりと配置された、いかにもイギリス風のたたずまいだ。生徒は制服としてエンジ色のセーターを着ており、インド系や東洋系の子の肌の色にもよく似合う。男の子はエンジと金のチェックのネクタイを締めている。

ここは、オックスフォードやケンブリッジを目指すイートン校やハーロウ校のような全寮制のパブリックスクールではないのだが、私たち日本人が尊敬とともに抱く〝大英帝国〟（グレートブリテン）のイメージをくすぐる何かがある。

かおるは一月には出産が控えているので、〝お母さんが一緒に通うから〟というわけにはいかない。玄も一緒に小学校の下見に連れて行ったのだが、私たちと一緒だと、わりと淡々としていて怖がって泣き出すこともない。彼なりに、ある種の期待をしているのかもしれない。

「一月からは、四歳の子がいっぱいいるとこに行くでしょ。遊んでくれるお兄ちゃんも、きっといっぱいいるよ」

『うん。でも面白くなかったら、行かない』

12月21日

『こっちの部屋はお母さんと赤ちゃんで、こっちの部屋は、玄ちゃんとお父さんだよ』

私の母は、私たちが日本を出る半年前に父が突然入院をして現在もリハビリ中なので、産後の手伝いには来られない。だからこれから、出産後一カ月ほど来てくれるお手伝いさんを探さなければならない。玄が早く英語に慣れるようにイギリス人という線も考えたが、かおるの産後の食事のことを第一にして日本人の女性を探すことにする。

『玄ちゃんねえ、自分のやり方で、たためるんだよ』

自分のシャツをたたみながら、

『ちょっと腕のところを上に曲げるの』

「へえ、玄ちゃん流なのね？」

『うん、玄ちゃん流！』

私はふと、やはり子どもの脳のなかには全部初めから入っているのではないかという気がした。人類の三万年の記憶、あるいは四十六億年の地球の記憶。子どもはみんな知っている。それをただ、一つひとつ思い出していくだけではないか。

近ごろ、だいぶ私たちの言う英語を真似して自分で言うようになってきた。

12月23日
玄はことのほか、絵本の『おさるのジョージ』シリーズ（M&H・A・レイ著、福本友美子他訳、岩波書店）が気に入っている。
寝る前に読んであげることにしている絵本のなかでは、ジョージはナンバーワンだ。今日は何がいいか自分で選んできなさいと言うといつもこれを持ってくる。きっと自分自身の姿をこのいたずらコザルに見ているのだろう。

ジョージは自分の興味にダイレクトに行動する。不思議だなあと思ったら、さわってみる。面白そうだなあと思ったら、やってみる。結果的には失敗も多くって、いつも人間社会をかき回す大騒動に発展するのだが。

玄は、言葉が通じなかったり、勝手が違って日本にいるときのように自由にイタズラできない自分の気持ちを、おさるのジョージに託している。ベッドに横たわって読んで聴かせている最中、私の右横に寝てジョージの絵をのぞき込んでいる息子の目をふと見ると、どんどん光が増してくる。だから、そんな感じがする。

どんなにおいたをして騒動を起こしても、いつもジョージを守ってくれる〝黄色い帽子のおじさん〟は、さしずめ東京のおまあちゃんの役回りだった。その大好きなおまあちゃんも、今はここにはいない。

私が買い込んできた英語の絵本は、今のところ人気がない。

一冊だけ、色の違いについて学ぶ飛び出す絵本を使って、一緒に遊びながら英語を教えることで、結構盛り上がることができた。

"What colour is this?"（この色は、なに色？）

“here, here and here.”

と言って、リビングルームにあるコップやテーブルクロスや電話機などを指して英語で色を当てさせるゲームだ。

「グリーン！」とか「イエロー！」とか、当たっていたら〝イエーイッ〟と大げさに喜んで肩をたたき合う。玄もこれには乗ってくる。

『とびら開けたら、かならず閉めてね。赤ちゃん、ぶつかると危ないからね。分かった？』

〝分かった？〟は、かおるの真似だ。大人のマネをして私に注意をすることが、玄には少し誇らしい。

12月29日
久しぶりに、アルバムに貼ってある、日本で通っていた幼稚園の友だちの写真を見る。
『これ、先生が写ってないのね。
顔覚えたいから先生の写真も欲しいの……。

わたなべ先生が待ってるから、玄ちゃん帰らなくっちゃ。
…………。
玄ちゃんおうちへ帰りたい。おまあちゃんとおじいちゃんのとこへ帰りたい！』

年賀状のないお正月

12月30日

イギリス人の助産師バルさんが、かおるの検診に自宅に来られた。

私たちは自然なお産をしてみたかったので、バルさんのパートナーの日本人助産師でロンドンで活躍する高橋浩美さんのすすめもあり、病院ではなく自宅で出産しようと決めていた。

私が生まれた昭和三十年ごろまでは、ちょうど半分の赤ちゃんが病院ではなく自宅で生まれた。その後、住宅事情の悪化や助産師の高齢化で自宅でのお産がむずかしくなり、代わって〝病院で産むということ〟が常識になった。

自宅で産むという話を日本の友人にすると、ほとんど絶句してしまうのだが、その脳裏には、無条件に刷り込まれた病院信仰がある。近代技術信仰と言ってもいいが、病院で産むほうが安全だという根拠のない誤解だ。

実際イギリスのデータでは、逆に自宅出産の方が安全性が高い。これは、何らかの問題がある妊産婦は当然病院でということになるから多少割り引いて考えなくてはならないが、それでも住宅事情さえ許せば自宅の方がはるかに妊産婦はリラックスできる。何も異常がないならリラックスして産んだほうが、母体にとっても、生まれてくる赤ちゃんにとっても、よい影響を与えることは自然の道理だ。

何より病院では、出産の現場は医師が主人公のごとく設計されている。本来の主人公はもとよりお母さんと赤ちゃんなのだから、二人（もしくは一・五人）がもっと主体性を持って自由になれる方法があっていいはずだ。

とはいっても、日本の私たちの家だったら、とてもその気にはならなかったと思う。七十六平方メートルの木造の家は、隣近所に音がつつ抜けだし、何か不測の事態があったとき、道路が渋滞していたらどうしようもない。ここだったらうまくいくんではないかという安心感を、住み始めてまだ一カ月半ではあったが、ウィッカムヒルの家は私たちに与えてくれた。

家の造り自体は、一階にキッチンと南北に長いウォークスルーのリビングがあり、二階はベッドルームが二部屋とバスルームがあるだけのシンプルな構造。決してアメリカンタイプのだだっ広い豪邸ではなく、百平方メートル程度の平凡な住宅なのだが、かおるも玄も、なぜか初めからリラックスして生活できたように思う。それはやはり、家自体の床面積と同じくらいある庭と、そこに棲《す》んでいる二匹のリスたちのおかげもある。もっとも彼らは丘の上の森から、はるばる訪ねてきてくれていたのかもしれないが。

このころ毎朝、私とかおると玄は庭に面したガラスのドアを開け放ち、上半身裸になって乾布摩擦をするのが日課になっていた。ウエンブリーの丘に向かって白い息をはきながら、『リスさん、おはよう!』の玄の一声で一日が始まる。

乾布摩擦の最中にはときどき、かおるのおなかの中の赤ちゃんも起きてきて仲間に加わることもある。それから霜の降りた庭の芝生にナッツをまいておく。すると私たちが朝ご飯を食べている最中に、リスが庭に現れてエサを上手につかんで立ち上がり、尻尾を立ててこちらの様子をうかがう。

そんな自然の環境が、私たちに勇気を与えてくれたのだろう。

長男の玄のときも、立ち会いのできる日赤の産院でお産をした。

もっともこのときは、かおるが私にも立ち会って一緒に協力してもらいたいと言い出すまでは、出産の現場を見るなどとは露ほども考えていなかった。はっきり言って、入院したり手術をされたりした経験を持たない私は、血を見るのに弱く、出産の現場など見たら気を失ってしまうのではないかと内心本気で怖がっていた。

それでもしだいに恐怖心より好奇心がまさるようになり、私は玄の誕生に際して、分娩室でかおるの横に立った。

長男のお産でなんの事故もなく、まさに〝案ずるより産むがやすし〟ということを身をもって体験できたことが、私たちに自信を与えた。

また、かおるが一度目のお産で強く意識するようになったのは、あの手術台を思わせる分娩台には二度と上がりたくないということ。あれは産む側より取り上げる側に都合よく作られたもので、本来は産む側にとってもっと自然で楽な姿勢があるはずだ。そしてできれば、もっとゆっくり出産直後の家族と赤ちゃんとの時間を楽しみたいということもあった。

水中出産が痛みをやわらげ妊産婦にとって比較的いい効果があるようだという説があり、ロンドン中心部の私立病院で日本の診療所も併設されているセントジョーンズ・アンド・エリザベス病院で、プールのなかでの自然分娩にチャレンジしようかとも考えた。

しかし、浩美さんとの何度かの意見交換のなかで、イギリスの場合、病院に行ってしまうと、何かあるとすぐ注射薬や帝王切開という技術を使いがちであること。出産時の乳児死亡率のデータも見せてもらって、どうも一概に近代設備を誇る病院のお世話になるのが一番安全とは言えないようだということ。特別なことがないかぎり、自宅分娩の方が感染症などの心配もなく、かえって安全だということ。そんな確信が、しだいに私たちのなかに芽生えてきた。

いっぽう、自宅出産のメリットは〝陣痛が始まってから病院に行く〟という、みな当たり前のように思っているけれど、考えてみれば大変不自然なドライブをせずにすむこと。始まるかなっと思った段階で助産師に電話をすれば、向こうが来てくれる。

そして何より最大のメリットは、出産が終わって〝退院〟する必要がないことだろう。生まれてからすぐに、まだへその緒《お》がついているままで母親は好きなだけ赤ちゃんを抱いていられる。病院のスケジュールに合わせて急がされる心配はないので、十分に生まれてきた喜びをかみしめることができる。

浩美さんはイギリス人のパートナー二人と会社を設立して、彼女たちが〝スペシャルデリバリーサービス〟と呼んでいるサービスを始めた。このサービスでは事前の検診は心音検査を含めて、すべて助産師である浩美さんが自宅に来てやってくれる。出産からその後のフォローまで担当の助産師が一貫してお世話をする。

病院で産むことを決めた場合には、月に一回は検診に行かなければならないし、臨月になると一週間に一回になる。担当医師がいちいち内診と心音検査をする。

出産の現場で最も頼りになる助産師は本番にならないと出て来ないから、陣痛が始まって病院にあわてて行ってみて初めて、ご対面となる。しかも病院では分業が進んでいるから、退院したあと赤ちゃんのお世話に関わる諸々の相談などは、担当してくれた助産師にはできない。このシステムのなかでは、助産師は、自分が取り上げた子にいちいち個別に興味を持って、産後の状態を把握するようなひまもないし動機も生まれない。つながっていないのだ。もともと浩美さんは、そのへんに疑問を持って病院付き助産師から独立した。

実際の分娩には、浩美さんの他にアシストの助産師、私たちの場合にはバルさんが来てくれる。浩美さんとは、それまでに十回以上会って話をしたり検診したり、電話で相談したりしているわけだから、もう十分にかおるの人となりや好みが分かっている。臨月に日常の運動はどの程度してよいか。赤ちゃんのおなかの中での動きが鈍くなったような気がするが大丈夫か。もう下の方に降りて来始めたのだろうか。食べ物は通常通りでよいか。二人目の出産とはいっても母親の疑問はつきない。

浩美さんは、訪問のたびにこれらの質問に答えながら長男のときの状況をこと細かにノートにとって、かおるの現在の状態を把握する。分かっている人が来てくれるのだから心配は半減する。しかも出産のあと二週間は、毎日様子を見に来てくれるシステムだ。

その間に、今度は産後のさまざまな相談ごと、〝おっぱいが出にくいがどうしたらよいか？〟〝顔に赤いつぶつぶの斑点が出ているが大丈夫か？〟〝夜泣きが激しいのはなぜか？〟などの質問にじっくり答えてくれる。その後も定期検診があり、電話での相談も直接できる。生まれた赤ちゃんの顔も大きさも健康状態も知りつくしている浩美さんに相談できるのだから、安心感がある。

今回私は、浩美さんとバルさんの助けを得て、自分自身の手で生まれてくる子を受けとめようと決心している。玄にも立ち会わせようと思う。これについては異論もあったが、他に面倒を見ていてくれる人もいないので、一緒でいいかとタカをくくった。あと四日で三十八週。玄は三十八週で生まれてきたので、もういつ来てもおかしくない。今日の朝出した母への手紙には、一月五日から十五日の間でしょうなどと書いておいた。

バルさんがかおるのおなかに当てた心拍測定器で、赤ちゃんの鼓動がはっきり聞こえる。その後バルさんと出産の話をしていると、途中から私たち三人の話をさえぎろうとするように、玄がおもちゃを投げ始めた。

英語での長い会話にいら立っている。

その夜、玄は、

『女の子がいいなあ』

「どうして？」

『だって、種類の違うのがいいもん』

「おんなじでも、それはそれで楽しいんじゃない？」

『でも、玄ちゃんとお父さんがおんなじだから、お母さんとミコヤマ（赤ちゃんの仮の名前）が同じなら、おんなじになるでしょ。そしたら、料理も一緒にお手伝いできるでしょ。玄ちゃんとお父さんが、夜、お勉強してる間もできるでしょ』


ところで私たちは、玄が生まれる前から、すでに三人分の名前を考えてあった。〝玄ちゃん〟はすでに使用中なので、残るは〝大和《やまと》〟と〝みこと〟という名前だ。生まれてくる子が男でも女でもいいように、私たちはつねに〝みこちゃんやまちゃん〟と呼んでいる。玄もかおるのポンポコのおなかにさわっては、

『みこちゃんやまちゃん！　お兄ちゃんですよ！』

と呼びかける。略してミコヤマとなる。

12月31日

日本にいたら実家にでも行って大晦日《おおみそか》の一日をじっくり味わうところだが、こちらではあまり〝ゆく年、来る年〟という区切りの感覚がない。十二月最後の、ただの一日だ。

私は玄を、サウスケンジントンにあるサイエンスミュージアムに連れて行った。昔の機関車や消防車、ロケットやアポロ11号イーグルのレプリカなどが常設展示されている。そして飛行機はなぜ飛ぶかのテーマ展示、天体観測のための諸々の機材を集めたジョージ三世コレクション、昔の薬屋と医者の様子をジオラマにしてロウ人形で手術の現場を見せるものなど、さまざまな特設コーナーもある。

順路を追って見学してから、子どもたちが集《つど》う一階のプレイルームに出る。そこには、麦の収穫の後に農場のサイロにストックするために使うベルトコンベアのような大型の遊具があった。

『玄ちゃんねえ、お兄ちゃんたちのお手伝いしたのよ』

と、ベルトコンベアに三つ付いている手動のハンドルの一つを、他のお兄ちゃんに任せてもらえたことに得意になって、かおるに報告する。何か、一緒に仕事ができることが楽しい。お手伝いできると嬉しい。

帰ってきてから、

「玄ちゃん、今日見たロケットに乗って、宇宙に行きたい？」

『全然行きたくない。だって、面白くなさそうだもん』

結局、宇宙の夢はベルトコンベアに勝てなかった。

こういうときにはかならず、大人のランキングと子どものランキングは違うものだ。

ちなみにこの日のランキングは、

私には、№1医学の歴史、№2昔の消防車が印象的だった。

玄はもちろん、№1はコンベアマシン、№2はリモコンのヘリコプターだ。

絵本の好みにもやはり同じようなズレがある。

クリスマスのプレゼントにと友人が東京から送ってきてくれた『ぼくは　くまのままでいたかったのに……』（イエルク・シュタイナー作、イエルク・ミュラー絵、おおしまかおり訳、ほるぷ出版、一九七八年）を一読して、私は産業社会のシステムに巻き込まれて翻弄《ほんろう》されるクマの姿にいたく感動してしまった。

冬眠から目覚めたクマが穴からはい出してみると、豊かな森が続いていたはずの周囲はすっかり開発されて大きな工場が建っている。工場長に見つけられたクマは、誰にどう説明しても本当の〝クマ〟だと認めてもらえない。ただサボリたがりやの工員だと勘違いされて、作業衣を着て工場で働かされることになる。

〝おまえはクマのはずがない〟〝クマというのは動物園やサーカスにいるもんだ〟〝おまえは工員なんだ〟と無理矢理人間として扱われ続けたクマは、そんなもんかなあとしだいに自分を失ってゆく。しかし季節はめぐって再び冬がやって来る。クマは忘れていた何かを思い出そうとするように森のねぐらに帰って行った。

その夜、胸を張って「玄ちゃん、今日は面白いクマの話を読んであげるからね」と意気込んだ私は、一気に読んでしまったあとの玄のシラケた様子にしばしぼう然となった。まだ意味が分からないのだろう。これでは『なみにきをつけて、シャーリー』(ジョン・バーニンガム著、辺見まさなお訳、ほるぷ出版、一九七九年)の絵本の親子と同じ行き違いだ。

親は、いま目の前にある現実の風景を隣に座っている子も共有していると思っている。自分が生きている空間と時間は、子どもにも共通だと信じている。ところが子どもの目は、親とは違うものをとらえている。はるかに豊かなイメージで、同じ現実をとらえている。だから、ああ勘違いの風が吹く。

考えてみれば、恋人たちにも同じことが言える。夫婦にもだ。

〝他人の現実は、自分の現実とは違う〟

そう、教えられたのかもしれない。

1994年1月1日

新年をウインザー城の近くにあるオークリーコートホテルで過ごす。城の周りをめぐる馬車にも乗った。

ここは、何度も映画の撮影にも使われたマナーハウス・ホテルで、夕食はネクタイとジャケット着用だ。玄も初めて休みあけから小学校に着ていくネクタイとエンジのセーターで登場する。

マナーハウス・ホテルというのは昔の貴族の館《やかた》をホテルとして改築したもので、たいていは中世の騎士の甲冑《かっちゅう》やペルシャ風のタペストリーなど貴重なアンティーク類でインテリアが埋めつくされている。庭の前を流れるテムズ川の支流からはボートで川下りをすることも。サロンの横には赤茶色の背表紙の本がびっしりと並ぶ図書室もあって、深めのソファに腰を下ろして暖炉の火が燃える音に耳をすましていると、イギリスの歴史の静かな重みを感じることができる。

レストランの脇にあるプレイルームには大きなビリヤード台が置いてある。珍しがって玄は台によじ上る。制止しようとした私にオーケー、オーケーと言いながらボーイが近づき、玄にビリヤードの棒（キュー）を持たせて玉のつき方を教えてくれる。ビリヤードの緑のプールの上にエンジのネクタイがとてもよく似合ったので、私はボーイさんにお願いして写真を一枚撮ってもらった。

『今日は、お馬さんの車に乗った夢見ようね』

「玄ちゃん、おやすみ」

『おやすみ』

1月2日

五日から学校が始まる。

ちらちらと、それまであまり詳しく目を通していなかったマウントスチュワート小学校の資料を改めて眺める。

なかにあるa、b、cのスペルの練習“Help your child to write”（書き方の練習）には、アルファベット二十六文字と一から十までの数字の書き順が示してある。そのうち三枚のペーパーを自宅のファックスマシンでコピーして玄にやらせてみた。

　自分でコピーするのを喜んで、一つずつ順番は気にせず書き始める。うまく書けたら赤のラインマーカーで二重丸をあげる。〝まるまるが、いくつもらえたかなあ〟で結構盛り上がった。花丸がもらえると『やったーっ！』と、かおるのところに見せに行く。点数をもらえると嬉しいということに慣れてしまうのは、まだ早いような気もするが。


『玄ちゃん天国にいたときねえ、雲の上にたくさん、おもちゃがあった』

「どうやって、お母さんのところに来たの？」

『おもちゃののってない雲が来たから、それに乗って来たのよ』

「どうして、お父さんとお母さんのところに決めたの？」

『お父さんとお母さんが、おうちにいなかったときに……うーんと、山に登ってたときに、おうちを見て、いいナアって思って決めた』

「どうして、お母さんがよかったの？」

『ちょっと、顔見て決めたのよ』

「へーえ」

『それで、さっとお母さんのおなかの中に入っちゃったの』

「玄ちゃん言ってた山って、どこの山かな?」

『〝コースト〟って名前のところ』

「ゴールドコーストかなあ、オーストラリアの」

『ううん、ちがう』

「高尾山じゃないよね?」

『ちがう』

「きのう行ったオークリーコートのコートを言ってるのかなあ」

と首をかしげながら、

「やまちゃんみこちゃんも、そうやって自分で選んで、玄ちゃんのところに来たのかねえ。やっぱり山に登ってるときかなあ」と私。

「去年の三月に昭和公園に行って、風船みたいな大きなゴムの山で、お父さんと玄ちゃんがジャンプしてたときじゃない? こんな面白いお兄ちゃんがいるなら、楽しそうだなあって言って来たんじゃない。玄ちゃん、踊りも上手だし」と、かおる。

玄は確かに、ゴールドコーストへの新婚旅行のときにできた子なのだが……。

『あのね、赤ちゃん血がついてても、玄ちゃんに見せてね。かならず見せてね。男か女か見たいからね』

二章　退学の日、誕生の日

初登校

1月5日

いよいよ、初めてのネクタイ姿でマウントスチュワート小学校へ登校する。

慣れないネクタイをかおるに締めてもらい、セーターは暑いからいいよと言ってジャンパーを羽織ってから、さあ、お出かけだ。

今朝もかなり冷えているので、十年物のジェッタのエンジンがなかなか掛からない。この車は、近くに住む自動車修理工場の社長から、ロンドンに着いて早々に三十万円で買ったものだ。パワステもカーステレオもエアコンも付いていないが、五万マイル走ってエンジンは絶好調のはずだった。今朝は機嫌が悪いのか、キーを回してもウンともスンともいわない。学校が始まる八時四十五分まであと二十分。今、車で行くのをあきらめて玄と二人で走って行けば、なんとか間に合うかもしれない。きのうまでは何の問題もなく機嫌よく走ってくれていたのに、何でこんなときに！

後ろに座っている玄の表情をルームミラー越しにチラッと見る。ちょっと不安そうな表情は、車のことだろうか、今日一日の冒険に対してだろうか。

かおるも「玄ちゃんバイバイ。頑張って行ってくるんだよ」と言って、力いっぱい抱きしめてから送り出したはいいものの、窓の向こうで、間延びしてしまったほほ笑みと挙《あ》がったままの手をどう収めていいものか戸惑っている。

突然、キュルンキュルンというセルの音。掛かった。格闘三分はその三倍くらいに感じたが、とにかくスタートしてくれた。

ウエンブリーの丘を道なりに下ってプレストンロードを右折する。一つ目のラウンドアバウトを右へ行けば、何度か行ったヤオハンのスーパーへ行く道だ。私たちは左折して大きな芝生のグラウンドを左に見ながら、見逃しがちな住宅地の割れ目を右に曲がって、学校の正門へと続くマニングガーデンズに入る。

もう子どもたちは続々と登校して来ていて、何人か低学年の子を送ってきた母親たちの顔も見える。私は、正門に向かう四つ角のギリギリ手前にバックしながら車を止めて玄を促した。玄はさっきから黙っている。

担任は前にお会いしたランバート先生だ。

彼女は校長の秘書の部屋で待っていた私たちを迎えると、挨拶もそこそこに玄の手を引き、大きな体を左右に揺らしながら教室に向かう。典型的な英国アクセントで、廊下を歩きながら、昨年末に病院に入って内臓の手術をしたのだと話した。レセプションクラスは二クラスで、それぞれ三十人の四、五歳児がいる。玄のクラスには日本人の女の子が二人いた。玄は八月生まれで、こちらでいう早生まれなので、最年少で一番小さい。大多数がインド系かアフリカ系の子で白人の子は少ないように見える。私はなんとなく、ちょっと安心した。

朝九時、まずランバート先生は出席簿でチェックしながら一人ひとり出席をとった。玄は居心地悪そうに一番隅《すみ》にしゃがんでいる。車でここまで来る途中、何度も「ゲンって先生に言われたら、大きな声で〝イエス〟って答えるんだよ」と言い聞かせた。

いきなり、「ジェン」というランバート先生の声。

『…………』

「ジェン?」

『…………』

"Today, we have a new friend. His name is J-e-n?
Sorry, can you pronounce your son's name again? Mr. Fujihara."

「ゲン。ゲンです」

「オー、オーケー、ソーリイ……ゲン？」

『………』

タイミングが狂って、戸惑いながら手だけ挙げる玄。口は動かない。

今日は水曜日なので、このあとはホールに全クラスが集まって校長の話を聞く朝礼の時間になる。みんながホールに集まるので列をつくると、インド系の女の子が寄ってきて玄の手をとり一緒に行こうとする。その瞬間、玄の顔はあっという間にサル顔になり、泣きながら机の下に逃げ込んでしまった。私も教室の隅にいたのだから、なにもさらわれると思ったわけではないのだろうが、見知らぬ女の子に手をとられた瞬間、緊張の糸が吹っ切れたのかもしれない。

やさしい一人の女の子が先生にいわれるでもなく玄を導いてくれようとしたのだ。私はむしろ、玄がおびえて泣きながら隠れてしまったのに当惑して私の方を眺めやったその子の目に、申し訳ないなあという思いがつのった。

ほかにどうしようもないので、私が手をつないで、みんなと一緒にホールまで連れて行く。日本みたいに形式的な朝礼なのかなと思っていたら、校長のミス・ハワードの話はいわゆる訓示のようなものではなかった。大人がみんな持っている銀行カードやテレホンカードに関して、実物を出してやさしく説明するという実際的なもので、私も感心しながら聞いていた。話の最中に車を路上に停めておいたままだったのを思い出し、ちょっと抜け出して学校の駐車場に入れに行く。

戻ってみると、なんと教室では玄一人がアシスタントティーチャーのエレイヌさんにパズルで遊んでもらっている。ロンドンの公立小学校のクラスには先生の他に一人、アシスタントの先生かボランティアの人がいて担任の先生をサポートする。

玄は私を追ってホールから逃げ出してしまったらしい。

これではしばらく慣れるまでつき合うしかないということで、ランバート先生と相談して、私もにわかボランティアで彼女のアシストをすることになった。

まずはビデオを見る時間に隣のクラスにいる日本人の子も連れてきて、私がストーリーを日本語で解説してあげる。レセプションクラスは二つあって、玄も含めて五人の日本人の子がいる。

十時四十分からは外で遊ぶ時間があり、みんなと一緒に校庭に出る。外に出ると大人はほとんど私一人だったので、すぐに黒人の男の子たちに囲まれる。寒い寒いと言いながら温まるためにその場でジャンプをすると、みんな真似をする。

すると、またもやさっきのインド系の女の子が現れて玄の手をとる。

「玄ちゃん、大丈夫。怖いことはないから、一緒に行って、ついて行きなさい。きっと遊ぼうって言ってるんだから」

その子は、校庭をぐるっと一周案内してくれるつもりらしい。そのうち学年を問わず日本人の子どもたちが私の周りに集まってくる。一人ひとり名前を聞きながら、「あそこにいるのが、今日入った息子の玄なんだけど、よろしくね。また休み時間のとき、一人でいたら遊んでやってね」

と、明日からのことをお願いしておく。

私はこのあと、玄に今日一日とにかく頑張るんだよと言い聞かせて、ようやく昼前に学校を出た。かおると、お手伝いを頼むことになった香《かおり》さんが三時半には一緒に迎えに来るはずだ。

私は車を走らせながら、マウントスチュワート小学校の妙に整然とした感じに、ちょっと違和感を感じ始めていた。ホールに行くとき、別の教室に移動するとき、校庭での自由時間から戻るとき、かならず二列の縦隊をつくって並ぶ。ランバート先生は教室でも校庭でも、列を乱す男の子を激しい言葉で叱りつけていた。

そういえば朝の出席をとる最中にも、子どもたちは教室の隅にある小さな赤いカーペットのコーナーに整然と座らされる。ひざを腕で抱く格好で、みんな静かに座っている。たまたま足を伸ばした黒人の子にもランバート先生はきつく叱責していた。脅《おど》かすような鋭い口調で「ユー、アー、ア、ノーティボーイ！」（ダメな子ね！）を連発する。

初めのうちは、さすがにイギリス流は日本のスパルタ教育と同様に厳しいんだなあぐらいにしか思わなかった。しかし校長や他の先生のいないところでは、病気のせいもあってか、どう見ても子どもを前にいら立っているように見えるランバート先生に、少しずつ不信感が頭をもたげてくる。

私自身、小学校二年生まではほとんど印象に残っていないほどやさしい担任だったのだが、三年生から香水のにおいがややきつい、やる気マンマンの女性の先生に代わった。あるとき、前日に出た宿題をしなかった子は前に来て並びなさいとその先生は語気を強めた。今日から先生がいけない子をぶってお仕置きすることにします。さあ何人いるのかな。毎日数人が前に立たされ、みんなの前で先生にぶたれた。

私も一度だけ宿題を忘れて前に立った。ぶたれても憎しみというものは生まれない。でも何か理不尽なことをされたような、納得感のない思い出として記憶に残っている。

四年生のときには女の子をいじめて担任の男の先生に殴られた。五年生では、四階建ての学校の屋上にある出入り口の上の平屋根に、はしごを使って上ったところを同じ先生に見つかって殴られた。しかしこれらは、どれも納得感のある叱られ方だった。どうもランバート先生の怒り方にはこの納得感がない。何か引っかかるものを感じながら、私は車を自宅の玄関の前に置き、ベーカーストリートにあるビジネススクールに向かうために駅への道を急いだ。

午後になって香さんとかおるが学校に迎えに行くと、案の定、玄は顔を真っ赤にしてランバート先生の横に立っていた。かおるを見つけたときの玄の表情の変化が今日一日の試練を何よりも表している。

ランバート先生はとくに何もコメントすることなく黙って玄を引き渡した。帰りの車のなかで玄は、気づかう香さんの言葉にもうつろに、ずっと黙っていた。

その夜、いつもの寝る前のお話タイムで、

「玄ちゃん、怖かった？」

『怖いことは何もなかったけど、面白くないのね』

「インドの子、優しかったね。手つないでくれたでしょ」

『うん』

「先生はどう?」

『怒るのが怖かった。壁に当たっちゃったりしたのよ』

たぶん誰かが怒られて、ちょっと何かの拍子に壁にぶつかったのかもしれない。

「面白いのは、あった?」

『ビデオは、面白かった』

「明日、どうする?」

『あしたどーするか、今日決めてもしょうがないから、あした決める』

そう言って玄は、意外なほどあっさり寝入ってしまった。

1月6日

朝、玄は行かないと言っている。

私も、私自身が感じたものは一体何だったのだろうかと、きのうはなかなか寝つかれずにずっと考えた。

印象はイギリス植民地での教育のにおいだ。

黒人の子に対するどことなく差別的な恫喝《どうかつ》。子どもたちがちょっと列を乱したときのややヒステリックな怒り。

"You are a naughty boy!"

ランバート先生は、最初私たちが事前に会ったときの印象とは違って、かなり怒りっぽく、子どもたちが萎縮《いしゅく》しているようにも見えた。確かにみんなきちっとしていてお利口なのだが、なんとなく目が生き生きしていない。

かおるが迎えに行ったときの印象も、まんざら玄がただ単に最初だから怖かったというだけではないような、なんともいえないゆがんだ顔をしていたという。

イギリスの学校なら一人ひとりの個性を大事にして、それを伸ばしてくれるに違いない。しかも、日本人のお母さんたちにも評判のいい学校なら大丈夫だろう。学校の雰囲気も小ぎれいだし、英国っぽいにおいのするのもいい。私たちのなかにも、どこかにまだそんな感じのブランド主義がある。〝英国っぽい感じ〟に弱い。〝英国っぽい感じ〟のところに玄を押し込めば、玄も〝英国っぽい感じ〟の国際人としてスタートを切ってくれるんではないか。

しかしそれが、本当に息子にとっていい学校かどうか。時間をかけて玄の個性を見守ってくれる人たちがいるかどうか。どうも勘違いしていたようだ。

結局私たちは幼児の第一印象を大事にして、クラスを替えてもらうか、もしそれができなければ玄を退学させることに決めた。学校の事務を預かる校長秘書のエルボーンさんに、明日、校長のミス・ハワードに、朝一番で会わせてもらえるようにアポをとる。


その夜、ロンドンに来て初めての雪が降り出した。

玄は、東京から持ってきたちょっと大きめの黒と白のチェックのレインコートを着て庭に飛び出した。一年も前に、おまあちゃんに買ってもらったやつだ。

『キャーッ、冷たい！　お父さん、玄ちゃんの帽子取ってえ』

と言いながら、もう雪遊びを始めている。跳ね回る紺色の毛糸の帽子には、あっという間に大つぶになった雪が舞い降りてくる。久しぶりの玄の底抜けの笑い顔をカメラのファインダー越しに見つめながら、私は、やっぱりあの学校はやめさせたほうがいいのかなと素直に思った。

去年の十一月には英語に慣らすために幼稚園に行かせてみたのだが、二週間でやめてしまった。そしてまた、二カ月あまり待って入学したばかりのマウントスチュワート小学校。昨日、第一日目の印象で、どうやらこれも玄には合わない校風のようだった。

今朝、玄はどうしても行かないと言ってきかなかった。

半日ほど授業に一緒につき合った私自身も、午後に車で迎えに行ったかおるにも、その理由が分かるような気がした。私はすでに明日、校長に会う約束をしておいたから、話によっては玄は一日登校しただけで退学することになるだろう。

〝そうなったら、また学校探しか……。しゃあないなあ〟

私は、この二カ月間の出来事、とりわけ、イギリスの環境にまだ慣れないでいる玄との去年の幼稚園での出来事と、昨日初めて登校した小学校での出来事を思い返しながら、新雪の上に玄の黄色い長靴が描く不規則な模様を、ほろ酔いかげんの目で追っていた。

二男誕生

1月7日

朝、かおるの陣痛が始まった。

助産師の浩美さんを電話で呼ぶ。

まだところどころに昨夜の雪が残っている道をマウントスチュワート小学校へ車を走らせながら、〝校長には何と言おうか〟と、慣れない英語を頭に浮かべながら練習する。

できるだけはっきり言おう。

〝I want かな、I'd like to propose かなあ。……それとも、I need かな。それじゃ弱いか。この際、YOU should!ってな感じで決めてやろうか〟

遠慮しないように。日本人的な謙遜《けんそん》をして後悔しないように。容易にうなずいて“Yes, ……YES”などと言うことのないように。

私は車のハンドルを握りながら、ひたすら一人芝居を打っていた。ビジネスの交渉ごともまだ面と向かって英語でやったことはない。自分の言いたいことだけ言おう。自分が言わなければならないことだけ言おう。学校に着くまでの十分の間に、もはや私は、玄のために闘う戦士に変身していた。

“So, what's the matter with you?”

と、ミス・ハワードはアメリカンタイプのビジネスマンのように先を急ぎながら、この問題を処理しようとしている。がっしりとした体に精悍《せいかん》な顔立ち、金髪の髪がカールして一部逆立っている。校長としてはかなり若いから、マウントスチュワートがこの区域のモデル校だとすれば、たぶん抜てきによって昇進したかなりのやり手だと想像できる。

私はずいぶん迷ったのだが、クラスを替えてもらうのは断じて無理ということだったので、私が見たままのクラスの様子と、ランバート先生が子どもに対して無理矢理命令に従わせるために何度も〝シャウトして〟、恫喝するように怒っていたことを告げた。

ほとんど反射的にハワード校長は、

“It shouldn't happen. The teachers in my school shouldn't do that. I've never seen Ms. Lanbert is shouting to the children."

　絶対にそのような事実はない、〝あるはずがない〟と否定する。これでは水掛け論で、ただでさえ英語のハンディキャップのある私としては、いささか不利だ。

"Shouldn't"（はずがない）が十回以上出たところで私の腹も決まった。

「それでも私は、見ましたよ」

〝ノウ、シュドゥント。それで、どうしたいんですか？〟

「では残念ですが、息子の場所を次にウェイティングをしている子のためにあげてください」

〝そうですか、それでは息子さんはもう来られないと紙に書いて提出してください。次のキャンセル待ちの子に連絡しなきゃならないから〟

　というわけであっけなく、玄は栄《は》えあるマウントスチュワート小学校を一日で退学することになった。

　帰りの車のなかで私は、すっきりした思いと、なんとも英語で言い足りなかった思いとが錯綜していた。玄のために、また同じ思いをしているかもしれない他の子どもたちのために、もう一発カマしてやればよかった。もう一発"YOU Shouldn't misunderstand this fact!!"と、こちらもシュドゥント攻撃を返してやればよかった。

それと同時に自分自身が〝なんとか、自分の息子がこの学校に慣れてくれれば将来国際人になるのに楽ではないか〟とか、〝外国人の子と早く友だちになれさえすれば問題なくいくんじゃないか〟とか、〝やはり評判のいい学校なら安心じゃないか〟とか。そんなふうに、息子の学校選択について甘く考えていたのがいけなかったのだと悔やまれる思いもグルグル渦を巻いた。

私だって、外国人に囲まれればやっぱり怖い。

玄が締めていくのを楽しみにしていたネクタイは、一日だけ初めの日に締めて行った。おそろいのエンジのセーターは着なかった。最初の日、セーターを着ていなかったのは玄だけだった。

でもあとから聞いて分かったのだが、ちゃんとトイレでウンチをしてきたのは偉かった。

『紙がなかったのよ。だからそのままパンツはいちゃったのね。玄ちゃん気持ち悪かったけど、先生に何て言えばいいか分からないから、我慢して頑張った』

私自身、小学校に初めて行って、どうやって学校でウンチをしていいか分からずに漏らしてしまったことを思い出す。あのときはウンチまみれで泣きながら家に帰ったっけ。

赤ちゃんが生まれて落ち着いたら、また玄の〝ハハジン〟探しを始めよう。〝ハハジン〟とは玄が三歳から使っている言葉で、ある種の〝理想郷〟を指す言葉のようだから。

退学の日の夕方から、かおるの陣痛が本格的になってきた。

途中昼過ぎにかなり激しくなったのだが、玄が黒いビニールのゴミ袋で作ったバットマンの衣装を着てたびたびかおるのところに行っては、陣痛に耐えるためにつかまるビーンズクッションで遊ぶので、いったん陣痛が止まってしまった。ビーンズクッションというのは発泡スチロールが入った大きなクッションで、かおるはこれを抱えるようにして背中をまるめ、床に敷いたマットにひざを立てたままで赤ちゃんが降りてくるのを待つ。助産師の浩美さんには、この間仮眠をしてもらう。

『ねえねえ、お母さん。このマントまたとれちゃった。結んでよ!』

「玄ちゃん。お母さん、もうすぐ赤ちゃんが生まれるの。だから、おなか痛いのね。あっち行って遊んでて!」

私は中華のテイクアウトを取りに行く。かおるはもう食べている余裕もない。

玄は、大人が忙しそうに動いているので、自分も何かしたくてしょうがない。出産のために二階の北側の部屋からベッドを外してマットを敷いた。その上で、かおるがビーンズクッションを抱えて、中腰でうずくまるようにして唸《うな》っている。部屋に椅子がないからといって、勝手にイスを運び込もうとしたので、

「ダメッ！　余計なことしない！」

と私が叱る。玄が泣き出す。朝の緊張に続いて、いよいよ来るぞと、いやがおうにもテンションが高まって私はいら立っている。

かおるは、

「一生懸命、お母さんのために考えてくれてるのよねえ」

と、陣痛のはざまに横を向いては苦しげに玄をなぐさめる。

十時過ぎにもう一人の助産師のバルさんが到着。玄はかおるが苦しげに唸ると、心配そうにかおるの顔のところに寄っていって一生懸命その手をなでながら、

『お母さん、大丈夫?』

と声をかける。

母がこれだけ苦しい姿を見せるのは、玄にとっては初めての経験だ。これから何が起こるのか想像できる術《すべ》もない。もう玄にも遊んでる場合じゃないことが分かる。

「玄ちゃんが大丈夫と言ってあげてね」
と浩美さんが言うと、黙ってずっとかおるの手を握って顔をのぞき込んでいる。

十時十五分ごろ、ついに赤ちゃんの頭の先が見え始める。私はかおるのやや右後ろから強く背中をさすってやる。

十一時三分。

四、五回の激しいいきみの後、まだ羊膜におおわれたままで赤ちゃんの顔が上向きに現れる。目はしっかりとつぶったままだ。

映画『２００１年宇宙の旅』の最後のシーンにあるような胎児の眠り。数万年を眠ってきたかのような静けさと存在感。決してそれは、荘厳だとか神のようだとか、そんな高貴な感じはない。まったくサルのような顔立ちで、でも確かにどこか『スター・ウォーズ』のヨーダのような、哲学しつくした老賢者の風貌にも似ている。そんな不思議な眠りを、その存在はしていた。

私は一瞬、この眠りを覚ますものは……という祈りを聞いたような気がして戸惑った。

「玄ちゃんはお母さんの横にいて！」

と、われに返って制したものの、

『赤ちゃん見たい！』

と言って玄は反対側に回り込んだ。あとの数分はもうかまっているひまはない。


浩美さんがピンセットで、胎児の宇宙をつつんでいる膜をつまむ。

その瞬間、羊膜が破れ、なかの羊水が破裂する。同時に赤ちゃんがいきなり、文字通りズルッと出てきた。私はすでに左手に頭の部分を持っていたので、ぎりぎりのタイミングで体がスルッと出た瞬間、右手で腰の辺りを支えることができた。

生暖かいようなヌルッとした生命の感覚が薄いゴムの手袋をした両手を通して伝わってくる。生命の激しさと悲惨さと、そのすべてを父親の前にさらけ出してみせるように、今、待ったなしの肺呼吸が始まった。

教会で見る崇高《すうこう》で美しいキリストの誕生とはほど遠い。もっと下世話で生ぐさいけれど、その場にいるものの意識を一点に集めてしまう力が、その塊《かたまり》にはあった。

湯気が出ていた。男か女かなど気にする余力も与えない。血の恐ろしささえも吹っ飛んでしまうような。妻がどうなったか、息子は……などと問う意味まで失わせるまぶしい空白。オギャーッと泣き声を上げたかどうかさえ覚えてはいない。

この世のはじめも、やっぱり、破裂だったのだと思う。

チンチンが見えた。

「やまちゃんだ‼」と叫んだ。

玄の反応を見ているような余裕はない。すぐに股の間を通して、へその緒《お》のつながったままの大和《やまと》をかおるの体の前に出し、両手で抱くことができるようにしてあげる。陣痛が本格化してからずっとビーンズクッションを抱えるように、はいつくばった姿勢で出産を終えたかおるは、ようやく背を伸ばしてから背中の後ろにクッションを持ってきて寄り掛かる。白いバスタオルにくるまれた大和はまぶしそうな顔をして手をわずかに動かしている。

「やまちゃん、やまちゃん。あなただったの。いい子ちゃんねえ、あなただったのねえ……やまちゃん。ああ……」

かおるは泣いている。

へそのつながったままの子はもう泣きやんでいる。

ふと気がつくと玄はかおるの横に来て、大和をのぞき込んでいる。

『ねえねえ、お母さん。これ、ほんとの赤ちゃん?』

ほほ笑み返しながらうなずく、かおる。

『わあーっ！』

と歓声を上げて早くも私の真似をして赤ちゃんを抱こうとする。浩美さんが、「落とすといけないから、玄ちゃん、抱っこするときは、かならず座ってからね」と注意する。

そして、へその緒は私が切った。

その後胎盤が出てきて三百ccぐらいの出血がある。バスケットボールの球が破裂したような、どす黒い塊がかおるの体から押し出される。十カ月にわたって大和の生命に栄養を補給してくれた頼もしい円盤。

浩美さんは「玄にはどうか？」と言っていたが、本人が見たがって頑として動かないのだからしようがない。浩美さんたちはていねいに胎盤を引き伸ばして指で部分部分を探り、もうカケラが体内に残っていないかどうかを確かめる。昔はそれでずいぶん母親が命を落としたらしい。病院ではないから、もうあわてる必要はない。間違わないようにするために、足の裏に母親の名前をマジックで書いて、すぐに別の部屋に連れ去られることもない。みんな一緒が嬉しい。

『ワーッ、こんなちっちゃい手なんだ』

「よかったねえ、玄ちゃん。やまちゃんだから、一緒にサッカーできるね」

浩美さんとバルさんは夜中の二時半近くに帰られた。

私が二階の部屋に戻ると、別室のベッドで私と一緒に寝るはずの玄が、いつの間にか大和と反対側のかおるの横に、ぴったり貼りつくようにして寝入ってしまっている。疲れきっているかおるの横に寝かせるのは忍びないので、抱いて連れて行こうとする私に、

「今日は、玄ちゃん頑張ったから」

と、かおるが引きとめた。

三章　ハハジンを探しに

二度目の入学

1月8日

今日からまた、玄の学校探しが始まる。

かおるが調べておいたシュタイナー・メソッドの幼稚園からきのうパンフレットが届いた。シュタイナー・メソッドというのはドイツで生まれたもので、子どもの感性をなるべく自然に実体験を通じて育《はぐく》んでいこうとする方法論だ。

ある年齢に達するまで算数や国語のような論理をわざと教えない。マッチの火をつけて、それを最後まで見つめて火やマッチ棒の変化を観察するというような自然主義の教育法で名高い。

玄を地元の公立校に入れる場合は、もう四歳なので小学校のレセプションクラスということになるのだが、私立でよければイギリスの学校制度から独立している幼稚園に入れる手もある。前者は無料だが、後者はもちろんお金がかかる。

North London Rudolf Steiner School はかなり遠い。クラウチヒル駅までここから一時間。スクールは毎日九時十五分から十二時四十五分までだから、私が朝連れて行ってから、昼休みの間にピックアップして帰ってこなければならない。ロンドン大学までの行程を考えると一日往復三時間は楽にかかる。

私が客員研究員として在籍しているロンドン大学のデザイン・マネジメント・センター（Centre for Design Management）部長のアンジェラは自らの経験から、

「私なんか一人息子のサイモンが小さかったとき、ロンドンの南に住んでいたんだけど、北の方にある幼稚園がとっても良かったんで、毎日車で送って行ったもんよ。市内を縦断してね」

と語る。息子にいいと思ったらそこまでやる。彼女のこだわりに頭が下がる。

1月10日

クラウチヒルのシュタイナースクールに、とにかく玄と二人で行ってみる。

『ねえねえ、今日はお父さんと、どこ行くの？』

「玄ちゃんのハハジン探しに行くのよ」

ハハジンとは玄特有の言葉で〝理想の場所〟を指す。

実際に行ってみて初めて分かったのだが、クラウチヒルまで二時間近くかかってしまった。ゴスペルオーク駅からのローカル線がなんと一時間に一本しかないのだ。

それでもここはれっきとしたロンドン市内である。おまけに今日は幼稚園が閉まっていて様子も見られない。もっとも様子を見る意欲さえも先刻失われてはいたけれど。一日五時間かけて送り迎えしていたら、三時半にはもう暗くなってしまうロンドンの冬では一日が終わってしまう。

『おなかすいたよ、チップス食べてこ』

イギリスに来て二カ月。食べ物だけはすでにロンドン名物フィッシュ・アンド・チップスが気に入っている玄であった。これは白身魚をフライに揚げてフライドポテトと一緒に食べるアツアツのファーストフードで、冬はフーフーッと冷ましながらマヨネーズやケチャップをたっぷりつけて食べると結構いける。

帰りに、コベントガーデン近くの会社のオフィスに玄も連れて寄ってみる。私がちょっと仕事を片づけている間、経理担当のジュリーが紙とマジックインクを持って玄の相手をしてくれる。玄はカレンダーの裏の白いスペースいっぱいに電車の絵を描いた。

"What is this? Could you explain for me?"

と聞くジュリー。玄は、はにかんで私の方を見る。

「これ何？　って聞いてるの。ジュリーに説明してあげて。何、描いたの？」

『……………トレイン』

父は私が三歳のとき、母が体をこわして入院してしまったので、しかたなく私を連れて職場の最高裁判所に通ったことがある。

私の記憶のなかでも、父の机の隣に座らされて、まだその当時同じ職場に勤務していた信子おばちゃん（私の母の妹）にかまってもらっていた。そして玄とまったく同じように紙と鉛筆をもらって、何か乗り物の絵を描いた。自動車だったような気もするし、飛行機だったかもしれない。描き上げてしまった私はしばらく何をしていいかも分からず、ただ鉛筆のはじっこをかみながら、イスを右へ左へ揺らすようにしていた。

その後五時近くにロンドン大学の部屋にも玄を連れて行く。

新しく今日着いたばかりのフィンランドからの研究員のクリスがいて、玄にコンピューターの画面を見せてくれた。玄には「誰かいたらハワユー！　と言ってね」と教えてあったので、タイミングには関係なくいきなり、

『ハワユー!』とやった。

“Can I give him a sweet?”

“O. K.”

ヨーロッパの人はなぜか職場に飴《あめ》を持っている。それでなければチョコレートだ。飴をもらった玄はしばらくマックのスクリーンセイバーの画面に浮かぶ熱帯魚に見とれていた。

『ここ、お父さんの会社なの?』

「うん」

いちいち会社と大学の区別はまぎらわしいので、お父さんが平日の昼に家から行っているところは、いっしょくたに〝会社〟ということになっている。


その夜、かおると相談して、もう一度二番目に近かったアクセンドンマナー小学校に当たってみることにする。

シュタイナーの幼稚園はうわさに聞くと、六、七歳までは算数や国語を無理に教えない。そのかわり、できるだけ体験を通して自分の体で自然の不思議や世の中のしくみを学ばせる。人間と人間、人間と自然のコミュニケーションを重視する。今の玄にはぴったりではないかと思うのだが、なにしろ遠すぎて通えない。

もうひとつ、独立した私立幼稚園なのでお金を出せば預かってもらえるモンテッソリー・メソッドの幼稚園も、かおると一緒に下見をした。しかしこちらは知育に偏重しすぎる印象があった。それより、やはり〝幼稚園〟だと三歳児が中心でほとんど玄より小さな子ばかりだ。玄にとっては優れた知育システムより、どうも今は一緒に遊べるお友だちの方が優先順位が上のように思える。

友だちができそうな学校を求めて、明日からまた学校ハンティングだ。マウントスチュワート校よりはオープンで親しみやすい印象が残っているアクセンドドン校が、万一もう空いていなければ、この辺りの学校をしらみつぶしに車で回って当たってみよう。私はようやく覚悟を決めた。

1月11日

玄と一緒にもう一度アクセンドドンマナー校を来訪する。

家からプレストンロードに車で出て、右折してから真っすぐ五〜六分走ると左手に緑の芝生がまぶしい広い公園がある。いつも誰かが犬を連れて真ん中へんにある滑り台やシーソーのところで遊ばせている。道路をへだてて反対側の右手に広がるのがアクセンドンマナーの校庭だ。

アクセンドンマナー小学校と〝マナー〟がついているのはホテルの場合と一緒で、敷地がかつては貴族の館《やかた》だったことを示しているのだろう。

この学校はマウントスチュワートとは違って校舎がコンクリート造りで、ちょっと古いが普通の日本の小学校のたたずまいだ。校庭も芝生ではなくコンクリートで固めてある。校舎の右手には温室のようにビニールカバーをかまぼこ型にかけた、学校自慢の室内プールがある。とはいっても長さ十メートル足らずのミニプールだ。

その奥には、三歳児までを預かるナーサリーが併設されている。

正門を通って正面の入り口から校舎に入る。校長室は二階にある。子どもたちの絵が壁を埋めている階段を上りながら、心臓がドキドキしてきた。正直いって気が重い。十二月に訪ねたときにはいったん書面にサインしてこの学校に登録しておきながら、マウントスチュワートに決めた直後に電話でキャンセルした。張り合っているわけではないのだろうが、むっとした印象が電話の向こうの気配で分かった。そこにのこのこ戻ってきて、やっぱり入れてくださいと頭を下げるのだ。

こういうときは一歩一歩の歩みも遅くなる。玄は私に手を引かれてキョロキョロしながらついて来る。

秘書のデイヴィスさんに、案の定嫌みを言われた。何しに来たのという顔で、

「だって、ついこの間、マウントスチュワートに行くって電話で断ってきたじゃない」

どうしてまた私と玄はここに来たのか。マウントスチュワートで何があったのか。結局玄には校風が合わなかったのだという事情を話すと、やっとフーパー校長が話を聞いてくれるという。

「私自身が初日に玄と一緒に登校しましたが、マウントスチュワートの先生の方針に賛同できなかったんです。子どもたちを激しく叱って秩序を保つのには賛成できないので、校長にクレームを言いました。それでもクラスを替えるのはダメだと言われたので、やめさせることにしたのです」

私の訴えにフーパー校長は、

「ときには私たちはストップと言わなきゃならないときもあるけど、子どもを脅《おど》かしてはいけない。勇気づけるのが先生の仕事です。オーケイ。あなたはすごくラッキーですよ。一人だけ今空きがあるんです。ウェイティングをしている子の両親に連絡したのですが返事がまだないので、玄を引き受けましょう」

と、こころよく玄の入学を承諾してくれた。

イギリスでは、日本のように市区町村の自治体が住んでいる住所で自動的に学校を割り振ってしまうということはない。玄のように中途入学の場合、私がしたように校長やその秘書と直接話し合って入学が決まる。もともと移民が多いせいか、外国人に対しても入学に際し特別な差別はない。たどたどしい英語で突然訪ねて行っても秘書の人はたいてい会ってくれるし、校長も時間が許せばオープンに懇談する。

このへんの懐の深さはさすがに大英帝国の名残か、尊敬に値する。

玄はアクセンドンマナー小学校のブルークラス、パワー先生にお世話になることになった。

私はクラス名簿をのぞき込んで、

「隣のレッドクラスには日本人の男の子がいるんですねえ。玄を一緒にしてはいただけませんか？」

とお願いする。とにかく玄には安心できる男の子の友だちが必要だ。

「ケン（健）はとても元気な子なので玄は驚いちゃうでしょう。それに日本人の男の子二人だとベタベタ二人だけでくっついたりするとよくないから、やはりブルークラスにしましょう。ヒトミっていう女の子がいますよ」

デイヴィスさんの案内でちょうど休み時間の校庭に出る。子どもたちが思い思いに遊んでいる。みんなで縄跳びをしているグループ。サッカーをしている男の子たち。地面に描かれた大きなマスにあわせてケンケンのような遊びをしている女の子たちもいる。デイヴィスさんがケンとヒトミを呼んで玄を紹介してくれる。

フーパー校長もデイヴィスさんも、どうやら全校生徒の顔と名前を覚えているようだ。ここでも大人の男性は珍しいので日本の女の子やインド系の子が寄ってくる。この地区は圧倒的にインド系の子が多い。

その後秘書室で、さっそくロイヤルブルーのおそろいのトレーナーを買う。六・五ポンド（約千円／当時）だ。（公立の場合には授業料は税金から支払われるから、この他には入学金も寄付金もいらない。デイヴィスさんは、このスクール・トレーナーの色は子どもたちが選び、胸のマークもやはり子どもたち自身がデザインしたんですよと話した。

あらためて明日から登校することにして帰ろうとすると、一階の玄関前で、前に一度かおると訪問したときに校長先生に呼ばれて私たちを案内する役を引き受けてくれた女の子たちに会った。

"Can I help you?"

"Shall we take him to the reception class?"

私がクラスルームに連れて行ってあげましょうか？　と、早くも玄の手を引いて行こうとする。

「ゲンです。よろしくね。明日から来るから、休み時間によかったら一緒に遊んでくれる？」

と軽くお願いしておいた。

校門を出たところで、

「どう玄ちゃん、気に入りそう？」

『うん。玄ちゃん、なんとなく好きになりそうな感じがする！』

1月12日

担任のパワー先生に初めて会う。

テキパキとしている感じだ。少し浅黒くつやのある肌なので、おそらくインド系かトルコ系だろう。三十代の後半だと思うが、この手の顔は年齢がまったくつかめない。でもランバート先生の第一印象のような、いかにも優しそうに見える人というタイプではなかった。

まず好きな絵本を各自持って、教室の隅《すみ》のカーペットに座る。そして先生が特大の絵本で一字一句を教えながら、その日の物語を読む。玄はどうしていいか分からずに、またすこし泣いた。その後五つのグループに分かれて、それぞれの作業をする。玄はパズルをして遊ぶ組。パワー先生が横にぴったりくっついて、何をしたらいいか教えてくれている。私は端の方にいたのだが、パワー先生から、

「もう帰っていいですよ。お父さんがいると、ゲンがずっと気にして、あなたを見てしまうので」

と促されたので、泣きべそをかいている玄をあとに退散することにした。

三時過ぎにお手伝いをしてもらっている香《かおり》さんとプレストンロードの駅の前で待ち合わせ、再び玄を迎えに行く。

明日からしばらく、かおるが運転できるようになるまで香さんに迎えに行ってもらわねばならないから、学校への道を覚えてもらうためだ。教室の窓の外から気づかれないようにのぞくと、何やら先生からプリントをもらっている。

『お母さん、これ、読んでくれるかなあ』

と言いながら、プリントを私にかざして教室から出てきた。

「どお？　面白いことあった？」

そっけなく、

『うん……お母さん、分からないかもしれないよねえ。この（プリントの）意味』

その夜、一緒におふろに入りながら、

「パズルで何、作ったの？」

『チョウチョと、きれいな鳥と、もう一つ作った』

「そのあと、何したの？　お父さん帰っちゃってから」

『分からない』

「お弁当のあとは？」

『忘れちゃった』

「玄ちゃん、今日はよかったねえ。あの学校が、玄ちゃんのハハジンになるかもしれないねえ」

『でも、あんまり面白くなかった』

「少しは、面白いこともあったでしょ」

『すこし』

「休み時間には、遊べたの？」

『うん』

「日本の子と？」

『ちがう』

「外国の子？」

『そう……。一、二、三って書いてあるとこで、走ったりさあ』

「そう、みんなで遊んだの。よかったねえ」

『でも、あんまり面白くなかった』

「玄ちゃん、一、二、三……て英語でなんて言う？」

『………』

「ワン、トゥ、スリーでしょ。練習してみる？」

『やだ』

「じゃあ、このシャワーブックにあるA、B、Cやってみる？」

『もう寝る』

小石と少年

1月13日

例によって、去年からお決まりの『行かないもん』の連発だ。朝から泣いている玄を、かおるからひっぺがすように学校に連れて行く。

今日は教室の入り口のところで、

「じゃあね」

と私はサッときびすを返す。

玄も分かっていて、窓の向こうで黙って泣きべそをかきながら手を振り続けている。

頑張れ！　六時間の闘いだ。

闘うのは息子の方なのだが、なぜか私は校門への道すがら目の前がにじんでいくのをどうすることもできなかった。教室の隅にある入り口のドアの横にたたずんで、窓からじっと私の後ろ姿を見送っていた玄。お父さん、どうして置いて行っちゃうの、と残された寂しさをこらえている息子の姿。

私は幼いころ、よく母に連れられて行った渋谷の東横百貨店（東急百貨店として営業していたが、二〇二〇年に閉店）のことを思い出していた。

母は洋服を自分で作ることのできる人だったから、よく材料を仕入れにデパートに行った。私はいつもくっついて離れないでいるのだが、母があれこれと品定めしているうちに飽きてしまってグズり出す。母はそれを嫌がって、カズ君はここで待っててねと、私が興味を持った売り場に私を残して自分の用を足しにいく。

すると私は今まで眺めていたものへの興味をすぐに失って、人ごみのなかへ母の姿を追ってゆく。結末はいつも泣きべそをかいて放浪している私に、母が怖い顔をして、だから連れてくるのは嫌なのよと言いながら駆け寄ってくる光景だ。

ヒトミちゃんのお母さんが「おはようございます！」と元気に通り過ぎる。私はにじんだ涙を見られないよう伏し目がちに、「あ、どうも」などとあいまいな挨拶を返して足早に車に向かう。

その夜、玄は久々に楽しそうにいくつかの報告をした。

『おにごっこしたのよ。それと、おじいちゃんと、おばあちゃんが、人形劇しに来たよ。それは、面白かった』

よし、今日は谷川俊太郎さんの『いちねんせい』（和田誠絵、小学館、一九八七年）を読んでやろう。

1月14日

大和《やまと》が生まれて一週間。

今日は香さんが玄を勇気づけるためにケーキを作ってくれた。一緒に夕食を食べたあとサッカーをして、夜遅くまで遊んでくれる。かおるもなるべく玄のストレスを抜いてやろうと、〝ダンス甲子園〟と銘うってTMネットワークの音楽に合わせて一緒に思いきり踊りまくっている。この儀式はこのところ毎晩やっている。

私の方は早く英語に慣らしてやろうとあれこれと試行錯誤していた。踊っている最中にもリズムに合わせて「エイ」とか「ビー」とか簡単な英語を叫んで玄の耳を慣らそうとする。おふろのなかでも、玄の体を洗ってやりながら、「バブル」とか「シャワー」とか教えてやる。

そのうち玄がうるさがって『もういいよー』と逃げていく。水に濡れても破れない紙でできた〝シャワーブック〟のＡＢＣの本はバスタブに常備していた。道を歩いている最中には車のナンバープレートを使って、やはりアルファベットや「ワン、トゥ、スリー」のナンバーに慣らそうと当てっこゲームをした。次の車の最初のナンバーや最後のアルファベットを当てるゲームだ。
これもやりすぎると、みるみる玄の顔がくもってしまう。

1月16日

近くのケントンスポーツセンターにあるプールに、玄と初めて行ってみる。

子ども用のプールもスライダーもある立派な屋内プールだ。帰りに、日本から持ってきたお釜が壊れてしまったので中古のお釜を仕入れに行く。ベルリビングという中古の生活用品を売る店で帰国売りで出ていた中古のお釜を買う。帰国売りというのは、日本人の駐在員の家族が転勤で日本に帰るときに、それまで使っていた英国仕様の家電品や家具や車を安く売り払うことをいう。

普通じっくり買い手を探す時間的余裕がないので、新しく英国生活を始める人にとってはお買い得のものが出る。とくに電気製品は日本と違ってイギリスは二四〇ボルトのため、英国仕様のものか、そうでなければ日本製を変圧器につなげて使う。「週刊・英国ニュースダイジェスト」という日本語の生活情報紙も出ていて、なかに四ページほど売ります・買いますの個人広告が出る。

中古のお釜に三十五ポンド（約五千円／当時）はちょっと高い気もするが、なくてはならないものなのでしょうがない。


赤ちゃんに対する玄の嫉妬《しっと》が少しずつ始まった。

このところ毎晩、玄には自分で選ばせた絵本を一冊読んであげているのだが、大和が泣くので私があやしに行くと、

『赤ちゃん、ほっといて大丈夫だよ』

かおるがおっぱいの時間ですよと大和を抱くと、

『赤ちゃん、おっぱい欲しがってないよ』とか、

『いいよ、ほっとけば。お母さん、すぐそうするからだめなんだよ！』

と文句が出始める。

1月17日
今日は学校で習ってきたらしい歌を口ずさんでいる。
『これ歌って、先生のところに行くと、（何かを）二つもらえるんだ』
少しずつ面白いと思うものが出てきたのかもしれない。

夕食のときに、

「お弁当のあとのお昼の休み時間は何して遊んだ？」

と聞いた私に、

『長いんだよねえ、休み時間』

と玄がボソッと答える。休み時間が長いなんて変わったこと言うなあと私は考える。だって遊び時間は長いほど嬉しいはずだ。

「そう？　だって二十分か三十分くらいじゃないの」

『縄跳びしたよ』

「入れてもらったの？」

『落ちてたの拾って、やってたの。きたなかったけど』

校庭に落ちていた縄跳びロープを拾って、一人で、あまりできない縄跳びをやっている。

友だちの輪のなかにはまだ入れない。

仲間に入れてもらえないのか。それとも誘ってくれたのに恥ずかしくって、できるかどうかも不安で入れなかったのか。こういうときは意固地になってしまって、本当はやりたいくせに、ちょっとタイミングがくるって一人になってしまう。

私にはそんなことがたびたびあったような気がする。

小学校のとき、自分の誕生日会に十数人の友だちを呼んだ。みんながプレゼントを持って集まってくれた。男の子からはプラモデルが多かった。

何がきっかけだったか忘れたが、そのうち男組対女組の争いが始まった。2DKの二つの部屋を仕切るふすまを思いっきりバタンと閉めて、私は男組を四畳半の部屋に集め、バリケードを築き、母がなんと言ってとりなそうと女の子がどんな懐柔策に出ようと、とりあわなかった。途中から食べるのに飽きて公園に遊びに行っても、私は別行動を通した。帰りぎわに自分がほのかな思いを抱いていた女の子と目が合ったときも、私は意地を張って孤高のリーダーを演じていた。

玄の縄跳びの話はまた、近くに住む同世代のお母さんの真ん中の子の話を私に思い起こさせた。

三人の男の子のお母さんだ。長男がイギリスの小学校に慣れるまで、最初はやはり玄と同じように毎朝泣いて大変だった。でも二男の方はとくに嫌がりもせず小学校に行くので、

「やっぱり二人目は、たくましいわ」と安心していた。

「ただ毎日、〝お母さん、これぼくの宝物だから大事にとっておいて！〟と言って、小石を一つずつ持って帰ってきたんですよ。それだけはちょっと妙だったんですけどねえ」

ずーっと小石を一つずつ、ほんとに大事そうに持ち帰ってくる。

「それがある日、プツッと持って帰らないようになったんです。今日は小石はどうしたの？　って聞いたら、〝お母さん、ぼく、今日お友だちができたんだ〟って言うんです。

本当は休み時間の間じゅう、校庭でずーっと、一人で小石をお友だちがわりにして遊んでたんですねえ、うちの子は。今でも全部とってあるんですよ、その小石」

玄が校庭の片隅で拾ったきたないロープを持って一人で縄跳びをしている姿が、私のなかでこの小石の少年と交じりあう。

上手ではないし誰かに教えてもらうわけでもないから、時を忘れるほど楽しいはずがない。手持ちぶさたの時間であれば、十五分でもそれは確かに長い。

私自身にも経験がある。声をかけられたパーティーに勇んで行ってみたところ、招待してくれた当人以外に知る人もなく、かといって昔っからの身内の集まりのようにみんなが楽しく話している輪のなかに入っていく勇気もない。

結局独《ひと》りぼっちだと、それほど飲みたくもないのにグラスを重ねてしまう。いいかげん酔っ払ってから相変わらず忙しそうな主催者に「じゃあ、また！」などとつくり笑いで挨拶だけして、逃げるようにその場を去ったこともある。とくに外国人主催のパーティーでは妻を同伴していないと、いまだにこのパターンにはまる危険がある。

こういうときは時間がたつのが実に遅く、何度も意味もなく腕時計を見たりする。

私は、玄が『長いんだよねえ』と言っていたことの意味が、ようやく分かったような気がした。

泥のついた小石を拾う少年がいる。泥だらけの縄跳びロープを拾う玄がいる。小石を友として遊ぶ少年がいる。できない縄跳びをする玄がいる。

少年は、次の授業はまだ始まらないのかなと考える。

玄は校庭の片隅で、いつ戻ったらいいかも分からないから、みんなが教室に戻るのを横目で見ながら待っている。することもなく待っている。たぶん、怒ったような顔をして。

その玄は、寝る前、かおるに内緒話をする。

『ねえねえ。お父さんに今日は頑張って、一度も泣かなかったよって言って』

「自分で言いなさい」

『言って、言って！』

1月18日

今日私は仕事の帰り道、隣町ハーロウのショッピングセンターにある玩具店に寄って、真新しい縄跳びロープを買ってきた。

妻からの手紙

1月20日

同じクラスの池田ひとみちゃんのところに、今日初めて遊びに行く約束をした。ところが玄は、なぜか朝になって嫌がっている。

『まっすぐ帰ってくる!』

と言い張って泣いている。着替えをわざとぐずぐずしたり、かおるのところへ行ってはベタベタ寝そべっているのを見て、つい急がせたい私は声を張り上げて、

「何やってる!」

と怒鳴った。

家を出る間ぎわにも、

「せっかく遊びに来たらどうですかと言ってくれてるんだから、とにかく行かせるよ。はい、早くして早く。もう出るぞ!」

と言い放って、玄をかおるから引き離す。

かおるは玄を抱きしめて、

「もうちょっと玄ちゃんの気持ちも考えてあげてよ。和博さんは何も分かっていないんだから。みんな学校の出ぎわにはお母さんに甘えて、お向かいの成美ちゃんなんか五分も十分もお母さんにベタベタして、なめまくるくらいにしてから、それでスッキリしてキリッと出て行くんだって言ってたわ。泣いてもいいから、全部吐き出させてあげてから送り出してあげないと」

いら立っているときは私も黙ってはいない。

「そんなこと言ったら、いつまでも家にいて遊んでんのが一番いいに決まってるじゃないか。それが一番楽しいんだから。そんなことやってるからインドの子が寄ってきても心を開かないようになっちゃうんだよ。いつまでも家にこもってるわけいかないだろ。ふた言めには玄のストレス、ストレスっていうけど、ストレスがなけりゃ成長しないし、みんなそういうことを跳ね返しながらやっていくんだよ。そんなの、あるのが自然なの！」

おびえる玄の前でのこの最悪のパターンは、今日が初めてではない。

私はこのころ日課として、動けないかおるの代わりに毎朝玄のお弁当を作って持たせていた。

そうはいってもフライドポテトとカリフラワーをレンジで温めて、あとはサンドイッチとかイチゴのようなデザートを入れるだけの簡単なものである。でもそのために六時半には起きて準備しなければならない。日本ではまったくやったことがなかったので手ぎわが悪いのだ。

もうひとつ、このころほとんど毎日の日課として玄に夜絵本を読んであげる習慣になっていた。読み終わってから電気を消して少しだけ今日学校であったことを聞いていると、私自身どうしても眠くなる。疲れて一緒に眠ってしまい、仕事の続きができないことが何度もあった。

いっぽう仕事の面では、初めての英語によるプレゼンテーションが十日後に迫っている。ロンドン大学の教授たちの前で、日本におけるヒューマン・リソース・マネジメントの実際を二時間半にわたってレクチャーしなければならない。さらにその三日後には、ビジネススクールの学生の前で初めての講義をする。

私自身が、そのような経験したことのない状況下でストレスが高くなりいら立っていた。いや、私も玄と同じように怖かったのかもしれない。外国人に囲まれるのが怖い。英語が通じるだろうか。質問されたらどうしよう。質問の意味さえ分からないんじゃあないか。それは、私自身の存在感の危機でもあった。

玄は結局、池田さんの家から送ってもらって六時過ぎに帰ってきた。『眠い、眠い』を連発しながらもみんなでダンス甲子園をする。学校の方は相変わらず、『今日も、面白くなかった』と言っている。

ダンスの最中、大和が泣いたので、かおるがおっぱいをあげに行くと、急に玄はおなかが痛いと言って泣き始めた。日本の幼稚園に行っているときも最初のころよくあったことだ。たぶん神経性ではあるけれど、本当に痛くなるもののようだ。

最近、玄は大和が泣くと、

『おっぱい欲しがってるんじゃないよ』とか、

『あげなくていいよ』とか、

『お母さん、行かなくていいよ』

を連発する。とくに寝る前に絵本を読んでいる最中に大和が泣くとき、反発が激しい。

『いいよ、行かなくって。なんで行くのよ!!』

ジェラシーが本格的にやってきた。

私はひと騒動終わってみんなが寝静まってから、帰宅したときにテーブルに置いてあった、かおるからの置き手紙を読むことにした。

《和博さん、
玄ちゃんのこと。和博さんも一生懸命なのはよく分かりますが、もう少し大らかな気持ちで接してほしいんです。

とくに、朝、ご飯を作り、玄ちゃんのお弁当も作って支度《したく》をさせなければいけないときにグズグズしているのを見れば、つい怒鳴りたくなる気持ちも分かりますが、どうかきつく叱らないでください。玄ちゃんも私の寝ているところへ来たり自分の服を整えたりしながら、学校へ行くこころの準備をしてるんです。

私のところへ来て『行きたくない、行きたくない』とベソをかきながらも、行かなくてはいけないということをもうよく分かっています。ぐずりながらも少しずつこころの準備をしているときに、「何やってる!」とか大きな声で怒鳴られたら、どういう気持ちになるでしょうか。

そして出て行く前に、『行きたくない、嫌だ』という気持ちを涙と一緒に思いきり吐き出させたほうが、かえってサバサバと思い切れるものです。思う存分泣いたあとで行くことを一週間もすれば、玄ちゃんももう四歳なのですから、その後はもうすっきりするでしょうに。

和博さんの目を気にして本当にびくびくしているのが私にはよく分かります。中途半端にグズグズしているほうがずっと長引いてしまうと思うのですが。

それから、玄ちゃんはまだたったの四歳だということです。

小さなこころと体で六時間もの長い時間を、ときにはたった一人で言葉が分からないなかで過ごしているのです。私たち大人だって、もしそれだけの時間、ヘブライ語やラテン語のなかで過ごし、しかも友だちもできなくて一人ぽつねんと時間が過ぎるのを待っているような状況に置かれたら、しかもそれが毎日だとしたらどうですか？　相当な試練ではないですか？　それを毎日、体を壊さずにやっているだけでも本当によく頑張っていると思います。

きのうもそうでしたが、目のまわりを赤くして帰ってくるのは学校で一日のうち何度か泣いたのでしょう。

どんな思いで涙をこぼしたのか想像するだけで胸が痛みますが、玄ちゃんはあまり多くを話しません。

せめて私たちにできることは、悲しくなったり、寂しくなったり、あるいは言葉では言い表すことのできない感情に涙がこぼれてしまった玄ちゃんを、その気持ちごと抱きしめてあげることではないでしょうか。

それを和博さんは、玄ちゃんの小さな背中を後ろからバンと無理矢理押すようなことばかりしていませんか?

私は、小さなときに無理を強いられた子どもは大人になってから伸び悩むのではないかと思います。プレッシャーをかけないでください。ゆったり大らかな気持ちで見守ってください。人生八十年もあるのですから。

まだやっとスタートラインに立ち始めたところで、しかも玄ちゃんにとって今までとは何もかも違う世界なのですから。徐々に、徐々にこころと体が慣れるように、私たちが、ゆっくり、ゆっくり、あせらないようにしたいんです。

玄ちゃんは最近、やまちゃんが泣くと『おっぱいじゃないよ』とか、『放っておいても大丈夫だよ』とか言います。

私はこのことと玄ちゃんのこころのストレスと無関係ではないように思えます。

香さんが幼稚園の先生をしていたとき、四、五歳くらいまでの子は下に赤ちゃんが生まれるとかならず態度にそれが出ると言っていました。

たった一人だけ、下に赤ちゃんが生まれてもまったく変わらない子がいて、「おうちでどのように接してるんですか？」と聞いたら、お父さんがその女の子をかわいがって、つきっきりで相手をしてあげていたんだそうです。

和博さん、やまちゃんが生まれる前と同じように、玄ちゃんを抱きしめてあげてますか？

体と体でコミュニケーションできるのも、きっと今のうちだけだと思います。

そして玄ちゃんが話したがらないときは、聞かずにそっとしておいてあげてください。和博さんだって、もし辛《つら》いことに耐えているときに帰ってきてから私に、「今日は、どうだったの？」としつこく聞かれたら辟易《へきえき》するでしょう。

玄ちゃんのこころと体を思いきり解放させてあげたいんです。疲れきって眠くてしようがないのに、玄ちゃんが『もう、いいよ』って体ごと拒んでいるのに、しかも本当はリラックスできるはずのおふろのなかで、無理に英語を繰り返し言わせたりしないでください。

追いつめないで！

お願いです。　　　　　　　　　　　　　かおる》

リビングのテーブルに再び手紙を戻してからソファに深く腰掛けて、月明かりにぼうっと浮かび上がった庭の芝生をしばらく眺めていた。それから駅の近くの店で見つけたカン入りの赤ワインが冷蔵庫に入っているのを思い出して、真っ暗なキッチンでそれをグラスについだ。ソファに戻って飲んでいると、一杯のグラスが空かないうちに、私は眠りに落ちていた。

1月21日

朝、玄は比較的すっきり起きてくる。

「玄ちゃん、きのう庭のリスさんにあげといたクルミ、どうなってるか見に行こう！」

『お母さん、じゃああとで下におりてきてね』

と玄は素直について来る。

朝焼けを見ながらピンク色の空をその場で絵に描いて、お母さんにお手紙だと言って二階の寝室のドアの下からすっと差し込む。あまり池田さんの家での遊びのことはしゃべりたがらない。私の前では少々気張っているようで、今日は学校へ行きたくないとも言わない。自分から進んで着替えてきて、

『じゃあね、行ってくるからね』

と、かおるに告げに行く。

『お父さんのナワトビ持って行かなくちゃ。コマはいいや。これ、おうちで遊ぶもんだから』

コートのポケットに私が買ってきた新品の縄跳びロープを詰め込んでいる。


学校に着くと、すぐに白人の男の子とインド系の女の子が寄ってくる。白人の子が玄に抱きついた。玄はまだ緊張してまっすぐ体をこわ張らせたまま黙っている。私はその子の肩や背中をさわりながら、「玄ちゃんもお友だちが来たらフレンズ、フレンズって言ってさわってあげたらいいからね」と、二人をさりげなく結びつけようとする。

今日は、窓ぎわの戸口の左の方の窓からしばらく外にいる私に手を振ってから、きりっと向こうを向いて教室の前の方に歩いて行った。

その夜、また『おなかが痛い』と言う玄のおなかをなでながら、かおるは大和が泣

いてもすぐにあやしに行こうとしなかった。
そんなお母さんを見て玄が自分から、
『お母さん、もういいから、赤ちゃんのところに行ってあげて』
と言った。

父性の混乱

1月24日

月曜日。

土日をはさむと、せっかく慣れかけた学校にまた行きたがらなくなってしまう。今日は朝から『行かない！』を連発していたが、リスにえさをやろうと言って一階の庭側のリビングに誘い、いつものとおり乾布摩擦を二人でやる。朝食の後に私が日本から持ってきた竹刀《しない》を使って剣道の真似ごとをやってから、いざ学校へ。

車のなかでも落ち着いていて、クラスの扉が開くと自然になかへ消えていった。ひとまず安心かと思いきや、それは大間違いだった。

学校から帰宅したちょうどそのときに大和にオッパイをあげているかおるを見て、玄は激しくかおるにアタリまくった。いつも家に帰ってくるタイミングには、かおるは大和が泣いていていても放って、六時間のストレスと戦ってきた玄を「お帰り、玄ちゃん！」と抱きしめるようにしてきたからだ。

『お客さんが来たら、赤ちゃんなんかほっといて！』

『おっぱいあげなくていいよ』

そして、しまいにはおもちゃを階段の壁に投げつけながら、

『もうこれから、お母さんのこと、おばさんって呼ぶからね!!』

と叫んだ。

お手伝いの香さんが、自分も幼稚園がちっとも面白くなくて、帰ってきてから妹の面倒を見ているお母さんにまったく同じようなことを言っていたんですよと、かおるをなぐさめる。玄は、明日でアクセンドンマナー小学校に登校してから三週目になる。

1月25日

かおるは精神的にかなり疲れてきている。

まだ回復しきっていない体で大和の世話をしなければならない一方で、玄の反発が度を超しているからだ。ある母親の話によると、四歳のときに下の子が生まれるのが最悪のタイミングなのだそうだ。二、三歳ならわけが分からないうちだから、嫉妬《しっと》も軽い。五、六歳だともう赤ちゃんというのは守ってあげなければならない弱い存在だ

という理性が働くというのだ。

私もどういう態度で玄に接したらいいか、正直いって迷い始めていた。

グズグズしているようなときには強く叱って、今まで通り踏ん切りをつけさせる態度でのぞんでいいものなのか。それとも、かおるの言うように温かく受けとめることに徹するべきか。でもどう見ても私には、すべてを許すマザーテレサ役は演じきれそうにない。頭にくれば怒鳴ったり、どついたりもしてしまう。元幼稚園の先生の香さんは、父親は怖いくらいけじめがついているほうがいいと言っている。

母親がいつまでもいい子いい子となぐさめて「だんだん面白くなるからねえ。きっと楽しくなるわよ」などと言っていると、学校というところはそれほど面白いところではないから、かえって期待を裏切ってしまうという意見なのだ。

玄にとって、何が決定的にいいことなのかが分からない。私の頭は混乱してきた。

考えてみれば、こういう戸惑いは子どもに対してかつてなかった。学校の問題がなければ、ただ遊んでやればいいわけだから、いい父親が演じきれた。実際ロンドンに来る前には玄はまだ幼かったから、こんな問題は起こらなかった。

いや、日常的な小さな問題は妻に任せていればよかった。私は朝八時半には家を出て、夜は社外の友人や仕事の関係者と結構遅くまで飲み食いしてから帰宅したから、昼間起こっていることにはあまり関与していなかった。

だから、ロンドンに来て初めて玄と私との本当の関係が始まったとも言える。それまではただ遊んであげる対象だ。私は子どもというおもちゃを前に父親を演じていただけで、一児の父ではなく、一児のサラリーマンだっただけかもしれない。

だから初めて戸惑った。正解がない現実に恐れをなした。

受験にはもちろん正解がある。会社での仕事ははるかに変化に富んではいるけれど、営業マンには営業マンの、課長には課長の、部長には部長の正解がある。少なくとも私には仕事の局面で解を出せないことはなかった。そう信じていた。

ところが玄と向き合うロンドンでの現実には、私の側に正解はなかった。

この時点での私には、玄がみずから答えを持ってきてくれるなどというイメージはなかった。大黒柱の私が、父性をかけて正解を見つけなければとあせっていた。

でも、どうしたらいいいんだろう。

今日は、私がぎゅうぎゅう詰めにした、かたいバナナの入った弁当を、

『お父さん、喜ぶかなあ?』

と、全部食べてきたらしい。

1月28日

朝、やはりインド系のやや大柄の女の子が寄ってきて、ゲン、ゲンと言いながらほっぺたをなでる。名前を聞くと「ロシニー」と答えた。玄はまだこの子にもこころを開かない。照れながら後ずさりして、困ったような笑みを浮かべているままだ。ナワトビロープを例によってコートのポケットに持たせたのだが、どうもまだ使っている様子はない。

夕食では、

『ねえねえ、あしたはお休みだから、もっと面白い学校探しに行こうよ』

と、またもや私をがっくりさせる。

一カ月過ぎても今の学校に慣れなければ、本当にもう一度再考しようかなどと、こちらも弱気になってくる。その場合はやっぱり日本人学校の幼稚園かなあ。

私とかおるは玄の学校について、それほど議論をせずに現地の公立校と決めていた。ここで生活をするのだから、二人とも自然な形が一番いいと思ったのだ。もちろん私立という手もあった。しかし評判のいい私立校は日本の場合と同様、定員満杯で中途入学はむずかしい。なかには生まれたときにすぐに入学の登録をすまさないと入れないという極端な例もある。現地の私立幼稚園はいくつもあたったが、三歳児が中心でものたりない。それでも英語の障害が大きすぎてどうしても現地校になじめないなら、日本のシステムをそのまま取り入れている日本人学校の幼稚園に年中組として入るしか残された選択肢はない。

外国に出て、言葉だけでなく、せっかく異なった文化を吸収するチャンスを与えられたのだから、この選択はなるべくしたくない。とはいってもそれは、大人の勝手な論理かもしれない。

1月29日

朝ご飯を玄と二人で食べる。

横には大和が寝ている。大和がたびたび夜中に泣くようになったので、かおるは寝不足気味だ。朝がたから少し二階で休ませることにする。

玄はパンの上にチーズとハムを細かくちぎってのせ始める。私は何やってんだろうと気にしながら、急がせないと遅れちゃうなあ……などと考えている。すると玄がパンの上に描いていたのがチョウチョウの形だったことに突然気づく。玄はそれをゆっくりと食べ始めた。

もし私が途中でさえぎって、

「早く！　時間ないから、早く食べな！」

などと言って急がせていたら……チーズとハムの美しいチョウチョウは、玄の悔しい思いとともに未完のまま崩されていたところだった。


幼児の時間は、大人の時間よりもゆっくりと流れている。

大人には目的と手段がはっきりしている。朝にはこれから仕事をするのだから、エネルギーを補給するためにご飯を食べる。あるいは九時までに会社に行かなければならないから、早く支度《したく》をする。遅れそうなら、パン一枚だけかじってたまごやハムはあきらめる。いや、コーヒーだけですましたりもする。

いっぽう幼児には、目的と手段、目標とプロセスの区別が希薄だ。何のために何をするとか、いついつまでに何かをしなければならないという感覚はない。学校が面白ければ学校へ行きたい。午前中の授業を乗り切るために、今食べておかなければなどとは思っていない。学校へ行く途中にもっと面白そうなことがあれば、そっちの道草で一日中でもいるだろう。面白ければ腹も減らない。

私自身も小学校に入るころ、アパートとアパートの間の公園で遊んでいると時を忘れて、ベランダからよく母に怒られた。

「もう、ご飯よお。早く戻ってきなさい！」

友だちは皆、順番におやつを食べに帰ってはまた遊びに加わった。私だけがずうーっと不動のメンバーとして、途中で家に帰らず一日中外で遊んでいた。小学校の高学年になるまで、私は〝おやつ〟というものの存在を知らなかった。

幼児は、そのようにプロセスを楽しむ達人だ。

パンにジャムをぬる行為ひとつにしても、チーズを食べることひとつにしても、考えながら楽しんでいる。大人よりよほど、生活のひとときひとときをエンジョイしている。

だから、待ってあげなければならないときがある。

公園に行く道すがら、ひたすら待ってあげなければいけないときがある。

もどかしくバターをぬっているその手を「早くしなさい！」とせかさずに、見守ってやらなければいけないときがある。待ってあげなければ。せかさないように。「早くしなさい！」と怒鳴りつけたりしないように。

私は今日、危うく玄のクリエイティブの芽をつんでしまうところだった。

私の父としての仕切りが、家のルールを取り仕切ろうとするある種の権力が、〝父性〟と思っていたものの発動が、ことによると子どもの個性の芽をつぶしてしまうかもしれない。初めて私は、私が〝父性〟と信じていたものの正体を疑い始めた。

その夜、『おしいれのぼうけん』（ふるたたるひ・たばたせいいち著、童心社、一九七四年）を途中まで読んだところで、玄の日本での思い出話が始まった。

『玄ちゃんの前の家に、〝新しい公園〟っていうのがあったでしょ。あそこにみんな、しんちゃんや、はるくんや、たいちゃんが来てたでしょ。こんな大きなロープの山みたいなのがあって……。えっと、そしてカナちゃんはあまり来なかったけど……お使い行ってるのかなっと思ったらカゼひいてたんだって』

1月31日

ロンドン大学での初のプレゼンテーションが十二時半から始まる。

私は玄を送ってから家に戻ってきて、最後の練習をする。この一週間、夜の九時ごろから寝る前に玄が好きな絵本を読み、話を聞いているとウトウトしてしまって、気がつくと十一時、十二時なんてこともあった。それから階下に下りてきて眠い目をこすりながら、家に持ち込んだスライドマシンを使って英語でのプレゼンの練習をする。九割方覚えてしまわなければ、ただでさえ緊張するはずだからうまくいかない。そんな私自身のストレスがしらずしらずのうちに玄にも伝わっている。なんとか早く学校に慣れてほしいという、あせりにもつながっている。

玄は今日、

『スキッピングロープをしたの』

と言った。

「えっ？　何したって？」

と聞き返すと、

『えーっとなんだったっけ、あの、あれ……』

と、自分が間違ったことを言ったんじゃないかと戸惑っている。実は玄の〝スキッピング〟の発音がよすぎて私の方が聞き逃したのだ。

「あの小さい子？　ミニッシュ君と？」

『フィニッシュ？　終わりのフィニッシュかと思ったよ』

もし今日学校でミニッシュ君と縄跳びをして遊んだとしたら大進歩だ。私自身の初めてのプレゼンテーションが無事終わってほっとしたこともあって、いい兆候が出てきたような気がした。

久しぶりにぐっすり眠れそうだ。

2月1日

ところが、現実はそう甘くない。

玄は学校から帰るなり大声を張り上げて、

『だから言ったじゃないか！　学校なんて面白くないって。お父さんとお母さん、うそつきだから、もう絶対に学校なんか行かない!!』

わめき散らして制服のシャツを壁に投げつけること数十回。かおるは抱きしめようにも、あまりの剣幕にただぼう然と見ているしかなかった。

香さんは玄の心境を察して「私もこんな感じで学校で言いたいことを出せないぶん、家に帰ってきてワアワアやってたんです」と語る。

かおるはだいぶ疲れてきている。大和の夜泣きと玄の荒れようとで、ダブルパンチなのだ。夕食後に久しぶりに助産師の浩美さんに電話をかける。大和がどうしたらよく寝てくれるのかを相談するためだ。

「たぶん、そういうタイプなのよねえ、ヤマちゃんは。ぐっすり翌朝まで眠ってくれるタイプの子もいれば、よく目が覚めて泣く子もいるの。昼はよく寝るんでしょ。一時的に昼夜が逆転しちゃう子だっているのよ。できれば夕方から少しかまってあげて刺激すると疲れてよく眠ってくれるんじゃないかしら。そういえば、そろそろ外に連れ出してもいいころね」

浩美さんは、かおるに、私に電話を替わってもらうよう頼んでから、

「もしもし、和博さん？　かおるさん、だいぶ疲れてるように思う。大変だと思うけど、夜中に交替してしばらくヤマちゃん預かってあげてね。かおるさんがその間だけでも眠れるように。それから、もしかしたらおっぱいをひんぱんにあげすぎてるのかもしれないから、和博さんと一緒のときは少々泣いても、ほっておいたらいいかもしれない」

どうも、かおるは初めのころ、大和が夜中に目覚めて泣きだすたびにおっぱいをあげながら眠ってしまうことがあったらしい。とにかく眠いから自分が横になったまま

おっぱいをふくませてはまた眠る。赤ちゃんはきっちり飲めないのですぐに腹が減る。泣けばおっぱいがくるから、小刻みに泣く。このパターンがクセになると母親はたまらない。半日おっぱいをあげなくても死ぬことはないのだから、体温にだけ気をつけて、夜中はあまりおっぱいを飲まさないようにと浩美さんは念を押した。

2月2日

朝、パンを食べる前に私に、

『この前は、泣かなかったよ』

「この前ってきのうのこと？」

『そう』

「やったね、偉かったね。でも、やっぱり面白くはなかったの？」

『うん、ぜんぜん』

「でも、ちょっとは面白いこともあるでしょ」

『ぜんぜん、ない。だって、人形劇とかやらないから』

「ビデオは？」

『うん、あんまり……』

パンツにウンチがついたとしても

2月6日

大和が生まれて一カ月。玄も新しい学校に通い始めて一カ月目。

久々にプールに行く。

先週買ってきた腕につける黄色のフロートで、以前は怖がっていたプールの縁から思いきり飛び込んだりし始めた。水のなかでシンクロナイズドスイミングのように何度も回ってみたり、水に対する恐怖が明らかに半減した。これだけの効果があって五ポンド（約八百円／当時）は安い。さらに今日買った同じ五ポンドの子ども用水中メガネで一段と水の面白さが倍増した。この日一日で玄はフロートなしでも顔をつけて、足は駆け足のような犬かき足で三〜四メートル泳げるようになった。

そして、大和が生まれてから初めて、かおるも大和も一緒に四人で森の入り口まで散歩をする。

ウエンブリーの丘の上にある、小さなテニスクラブに入れてもらえるかどうか申し込みに行くのだ。その名もバーンヒル・ローンテニスクラブ。とはいっても、昔は芝が敷いてあったらしいコートと小学校の体操用具室を彷彿《ほうふつ》とさせるひなびたクラブハウスがあるだけの小さなクラブだ。

クラブハウスと呼んだら誤解を受けるだろう。正確に表現すれば着替えのための小屋だ。六十歳、七十歳の老人たちが十人ほどテニスを楽しんでいる。大和にとっては初めての散歩でまぶしそうに目をショボショボさせている。

玄は坂を上る道すがら、ずっと大声でしゃべりまくっている。母との散歩はなんと一カ月ぶりだ。途中でいろいろ明るい声で腹を立て、

『お母さんったら、すぐそうなんだから……』とか、

『……だから玄ちゃん、言ったでチョ！』

と何度もかおるに突っかかる。

それでも久しぶりに、かおるに甘えるのが嬉しい。

2月7日

今朝初めて、かおると大和も連れてみんなで玄を学校へ送って行く。今日は月曜に

もかかわらず、玄は比較的明るい。

帰宅後にかおるは玄を連れて裏の森へ、〝ぐりとぐら遊び〟をしに行った。いつも家のなかでやっていた『ぐりとぐら』（なかがわりえこ作、おおむらゆりこ絵、福音館書店、一九六七年）の絵本からとった遊びだ。森の二匹の野ねずみが大きなたまごを見つけたので、大きなフライパンでパンケーキを作って森の動物たちみんなに食べさせるお話。玄はなかにバナナやジュースやビスケットを詰めたリュックを背負って、森でおやつを食べたり歌ったり。

そして生まれて初めて、木登りをした。

2月8日

おまあちゃんの誕生日。

東京の母に電話をかける。玄は東京にいたときよりあまり多くを話さない。

『おまあちゃん、どんな顔してたかなあ』

と、出発前に両家族で撮った写真を取ってくる。かおるの横でずっとその写真を見ている。町に住んでいるおばあちゃんをリンゴを持ってはるばるお見舞いする『ぞうくんのおみまい』（おぼまこと著、福音館書店、一九八七年）のストーリーを思い出しているのかもしれない。

2月9日

加瀬島さんちのケンちゃんが遊びに来る。

ケンちゃんは隣のレッドクラスの人気者で、入った日から玄のようなトラブルはなく、すんなり溶け込んでしまったとお母さんが言っていた。玄よりひと回り体が大きく、頼りがいのある兄貴分という感じで優しい。

ケンちゃんとは家で楽しく遊んだ玄だったが、学校では相変わらずのようだ。

その日の夜、

『みんな、遊んでくれないの』

「玄ちゃん一人で、遊んでたの？」

『だって、みんな遊んでくれないんだもん』

「まあ、でも、一人で遊んでてもいいじゃん」

『面白くないんだもん』

「今日の朝描いてた絵は、誰かにあげたの？」

『うん』

「誰に？」

『お友だち』

「お友だちって誰？」

『いつものロシニーちゃん』

「サンキューって言ってた？」

『ううん、言わない。おかしいんだよね、こっちは』

今日は最近玄が気に入っている『くろいとんかち』（山崎英介著、福音館書店、一九九〇年）を読もう。

2月19日

森で木登りをする。

さんざん歩き回って枝が横にはった木を選んで登る。玄が気に入っている森の南の入り口にあるこの木を〝玄ちゃんの木〟と名づけた。

木登りをすると、父の威厳は倍増する。父は息子より数段上に登って、高いところから「オーイッ！」などと叫べばよい。

2月20日

ハーフターム・ホリデイが終わって、あさって火曜日から再び学校がスタートする。

こちらでは二月十四日から二十一日までの一週間が第二学期の真ん中の休みになる。九月から始まる一学期にも真ん中の十一月初旬に一週間あって、親もこの休みにあわせて休暇をとり、里帰りをしたり、スキーに行ったりする。

かおるが玄を勇気づけるために歌を作った。

アクセンドンマナー、いい学校〜〜。
アクセンドンマナー、みんなが行ってるう〜〜。
アクセンドンマナー、いい学校〜〜。

トイレに紙が〜〜、なかったとしても〜〜、
パンツにウンチが〜〜、ついたとしても〜〜、
玄ちゃん泣かない〜〜、強い子良い子〜〜!!

トイレに紙が〜〜、なかったとしても〜〜、
パンツにウンチが〜〜、ついたとしても〜〜、
玄ちゃん泣かない〜〜、強い子良い子〜〜!!

この鼻歌を玄が休み中に覚えて歌っている。パンツにときどきウンチをつけて帰ってくる玄に、

「学校でウンチがついちゃったら、この歌思い出すのよ」

と、かおるが教えた。この歌のおかげばかりではないと思うが、学校へ行くことを前提とした発言が目立ち始めた。はじめ私たちにはこの一週間の休暇で玄がまた振り出しに戻ってしまうのではないかという恐怖があった。

〝行かない!〟病再発の恐怖だ。

しかし玄にとっては、この一週間久しぶりにリラックスして家でベッタリできたことが、再び外に向かってゆくパワーを呼びさましてくれてもいたのだろう。

私が買ってきたビデオのなかでは、本屋で買った〝ABC、ア・ブ・カ〟のビデオが気に入っていて、ひまさえあれば喜んで見ている。こちらでは、エイ、ビー、シ

ーを教えるのに、幼児が読み書きをより楽にできるように、発音にそって初めから「ア、ブ、カ……」とやる。

実際に絵本を読むときには、A、B、Cは確かにエイ、ビー、シーとは読まない。Aはたいがい「ア」という音だし、Bは「ブ」という音になる。だから初めから「ア、ブ、カ……」と教える。また初めから使用頻度の高い小文字だけで教え、大文字との混乱を避ける。これはいい方法だと思う。

ビデオの途中で〝a〟と〝p〟とを書いて私に持ってきた。形はメチャクチャだが気にすることはない。

その夜、大和が泣いたとき、玄は大和の口を押さえた。

「口を押さえると、赤ちゃん息ができなくて死んじゃうのよ。絶対やっちゃだめ!!」

これまでも、かおるの前で何度かやっていたらしい。

最近あまり玄が『うるさい』と言わないので、よく我慢してるなあと思っていたのだが、それは誤解でこの日はさっそく『うるさい！　うるさい!!』と三、四回怒鳴っていた。休み中に玄は、すっかり甘えて母のふとんにもぐり込むようになった。

だから私は二人の子をかおるに任せて、反対側のベッドルームで一人で寝ている。

ただし明け方には大和を預かって、かおるが眠れるようにする。

一人で寝るようになって、私には夜中に考える時間が生まれた。それがよかったのかもしれないが、この休み中にあることに気がついた。ちょっと注意しなければいけないなあと思ったのだ。

日本にいたとき、私もかおるもしらずしらずに連発していた言葉がある。

「早くしなさい」

「ちゃんとしなさい」

「いい子ね」

この三つの言葉だ。


私はこれから、これをなるべく言わないようにしようと思う。

なぜ、そんなことを考えたのだろう。

休み中に家族一緒に昼ご飯を食べているときだった。いつもあまりしっかりものをかまないで飲み込むようにして食べる私に、『どうしてお父さんって、食べるのそんなに速いの？』と玄が質問した。妻は私とは逆に、しっかりかんでものを食べる。

だからいつも私のスピードにびっくりして、もっとゆっくり食べたらどう？　とすすめている。それを玄が真似たのだ。

営業マンをやっていると、どうしても食べるのが速くなる。昼飯などは、立ち食いそばかファーストフードが多かったから十分とかからなかった。夜は夜で飲みながらの接待だ。お客さんに気をつかいながらしゃべっている時間の方が長いので、いちいち料理の味など気にしていられない。結婚してからよくかおるに「和博さんは、食事を出してもオイシイねの一言もないから、張り合いがないわ」と何度も指摘されたことがある。

実際、食事は味わうものだということを外国に出るまで忘れていたようだ。

私は、私自身が会社員としての生活から、営業マンとしての役割から、また昼夜問わずのハードワークを称賛する日本の文化から、刷り込まれてきた習性の数々に思いを及ばせた。そんなことは初めてだった。

十分に自信家でプライドが高かったから、自分自身の習性について疑ったことはない。いや、そのように私に強い影響を与えたかもしれない仕事や会社や社会のことを、客観的な対象として意識に上らせること自体、なかったように思う。

なぜ私は急ぐのだろう。いつも、何をするのでも私は早くしようとした。

食べることばかりではない。歩くのも速い。営業マンの時代には会社に一番早くついて準備をしておかないと気がすまなかった。早いことはいいことだと疑わなかった。他人が早くしてくれないと不愉快だった。息子が歯を磨くのにのろのろしても気に入らなかった。

なぜ私はちゃんとしないと気がすまないのだろう。

家に帰ってきて部屋が片づいていないとイライラした。玄がレゴなどのおもちゃを散乱させたまま他のおもちゃで遊んでいるようなときには、怒鳴ってすぐに片づけさせた。私は器用なほうだったから、たいがいのことはちゃんとできた。これには私の母からの影響もある。母もちゃんとしていないと気がすまない人だった。

なぜ私は課題が与えられると百点満点をとろうとして、頑張ってしまうのだろう。分からないということが嫌なのだろう。いい子にしようと振る舞うかのように、いつもうまく演じたいと考える。息子に対しても、とくに他人の前ではいい子にしてほしいと望んでいる。ところで、いい子って何だろう。

私はやっと、自分に刷り込まれたものの根っこの深さに気づき始めた。

二年前に二歳の玄がつぶやいた『ありがと』の言葉がよみがえる。

まだ、その意味は謎だった。でもあのとき、玄が沈丁花とたわむれていたときも、私は玄をせかしていた。早く、公園に行こう。早く。そして今しがた四歳の玄が発した『どうして、食べるのそんなに速いの?』の疑問が、折り重なるようにして私のなかで渦巻いた。

私は呪縛《じゅばく》されていたのだ。受験によって。時代によって。社会によって。会社によって。そして何より、仕事そのものによって。

〝早く、ちゃんと、いい子に〟

三拍子そろった標準的なサラリーマンとして。

正直いって、自分もその一人だということを認めたくはなかった。自分を弁護したかった。でも、今息子に無意識のうちに指摘されたように、私は間違いなくその一人だった。折り紙つきの〝早く、ちゃんとできる、いい子〟のサラリーマンだ。

そしてしばらくして私は、息子の玄は、この呪縛から逃がしてやりたいと強く思うようになった。

私は私なりに幸福なのだから、同じように育てば同じような幸福が得られるのかもしれない。しかし、子どもの個性を伸ばしてその福分《ふくぶん》の実現を願うなら、あの三つの呪文は邪魔になる。これには科学的な証拠はない。私は心理学の専門家ではないし、教育学者でもない。それでも三つの呪縛から逃がしてやることが父の役割なのではないかと直感的に感じたのだ。それは私の古い〝父性〟のイメージを壊し、新しいイメージへと導くキーワードのようにも思われた。

「早くしなさい」「ちゃんとしなさい」「いい子ね」の三重奏は、子どもの個性を抑え込んで、みんないっしょくたのステレオタイプを育てる。素直できちっとした〝日本の均質のサラリーマン〟をつくる。そんなおまじない効果を持っている。

朝、玄が靴をはくのに手間どっていれば、「早くしなさい！」が出てしまう。帰ってくれば「早く手を洗ってきなさい！」ときて、夜は夜で「早く、歯を磨きなさい！」となる。その間にも無数の「早くしなさい！」が飛び交っている。

子どもの立場からすると、なんで早くしなければならないんだろう？　という疑問がわくはずだ。それでも私たちは子どもにその質問のスキさえ与えず、またもや「早くしなさい！」を連発して無条件に反射する子どもを育てようとする。

「お父さん、そんなに人生、生き急いでもしょうがないじゃん」

などと口答えしようものなら、はっ倒されるのが落ちだろう。「早くしなさい！」の呪文は一日十回、二十回と繰り返されて、明らかに産業社会の生産性向上に貢献している。

私たちは無意識に、ものごとを早く処理する子を育てているのだ。

同様に「ちゃんとしなさい！」はお客様を迎えたときや、こちらが招かれて友人の家に呼ばれた場合、つまり人前で出やすい呪文だ。

子どもは普通これを言われると、とにかく何か注意されているんだと緊張するから質問を返すことはない。でも〝ちゃんとする〟とは一体どうすることなのか、言った親自身も定義に窮するほど、正直いえば意味不明だ。

より正確に言うなら、「型通りにしなさい」か「行儀よくしなさい」というように、とにかく礼儀作法を守るべしというたぐいの言葉になる。

ここでも私たちは、無意識に子どもたちを平均化し標準化しようとしている。

〝ちゃんとする〟子どもは、つねに他人の期待に応えようと他律性を重視して、なるべく自分を標準化しようとするだろう。そして自分自身の個性をすり減らして生きることになる。

「いい子ね！」というほめ言葉にも、同じタイプの呪文がやどっている。

これを言われれば言われるほど、子どもは〝いい子〟になろうとする。親の期待に応えようとする。下手をすれば〝いい子でいなければ親に愛されないのではないか〟という、逃げ場のない恐怖感にもつながる。

しかし一体〝いい子〟って何だろう。それでも子どもたちは改めて疑問を投げかけはしない。母親のほめ言葉における過去の統計的な実績から判断して、〝度を外さないこと〟や〝波風立てずに丸く収めること〟という意味だと感じるだろう。

ところが、母親が買い与える伝記の本に登場するような地球上にかつて現れた偉人たちは、このパターンとは似ても似つかない。だから、いい子になるのを期待して偉人伝を読ませるというのは、子どもを統合失調症に追い込むほど矛盾している。エジソンもジョン・レノンもゴーギャンも〝いい子〟とはほど遠く、昔は相当ヤナヤツの部類ではなかったか。

子どもの個性を育てたいなら、この呪文も言わないほうがいい。

実際には一生懸命言わないように意識して、ようやく百回言ってしまうところを五十回に減らせる程度だ。それでもクリティカルマス（限界点）に達する手前で、この呪文の悪影響から逃れられる可能性は、まだ残されている。

私は自分自身に言い聞かせるように「玄には言わないようにしよう」。

「早く！　と言わないように」

「ちゃんと！　と言わない」

「いい子にしなさい！　もやめよう」
と何度も何度もつぶやいてみる。
私自身にかけられた呪文を解くように。

子どもの名前がなぜ重要なのかについても私は同じように考えている。縁起のいい名前をつけると子どもの運がよくなるのではない。その名前を両親やおじいちゃん、おばあちゃんが何度も何度も呼ぶうちに、子どもはその名前の通りになっていくのだと思う。

「ゲン、ゲン」と何度も呼ばれれば〝ゲ・ン〟のように。「ヤマ、ヤマ」と繰り返されれば〝ヤ・マ〟のように。その言葉が持つ固有の響きが、柔らかい粘土をもみほぐす手のように人格に働きかける。音の持つ波のチカラが人間を彫刻する。

一日に三十回ゲンちゃんと呼ばれれば、三百六十五日で約一万回。

生まれてから十年で十万回。六歳くらいからは自分で自分の名前を書くことも始まる。書いた文字は手で書いて目で見て頭に残るから、ざっと三倍ぐらいの威力があるとして、どうみても二十歳までに六十五万回は自分の名前という呪文を繰り返しながら生きている勘定になる。

〝ア、イ、ウ、エ、オ〟の五音が宇宙の五元素と対応して、その子の持つ気質と運を決めるという姓名術は、この意味でうなずけないこともない。五元素とは木の質、火の質、土の質、金（属）の質、水の質と地球を構成する基本的な物質を指している。人間にはこの母音の〝五音〟のバランスが大事だと説いているのだろう。

人間は皆、自らのリズムを持っている。

それは、ある周波数と振幅と波長を持った渦巻きのようなものだ。名前のように決まった音でいつも呼ばれることが、その人の持つ固有の渦巻きに働きかけ、その人のキャラクターを形づくる。呪文やお経、あるいはお百度参りの効用も、〝音〟や〝思い〟といったエネルギーが持つ人間への働きかけとして理解できる。

「早くしなさい！」と一日に三十回も説いて聞かせれば、必要以上に早くすることを疑いもなくやってくれる子を、自動的に育てていることになる。

だからこそ私にとっての父性とは、まず〝自分がどんな呪縛を受けてきたか〟に気づいたうえで、子どもをそれから〝逃がしてやること〟ではないかと思えたのだ。

2月22日

再び学校が始まった。

『お友だちといるときはいいんだけど、休み時間に初めて外に出るとき、怖いでしょ』

「何が怖いの？」

『初めて出るとき、怖いのね』

「どうして、怖いの？」

『だって、怖いじゃない』

まだ、外では独《ひと》りぼっちなのだろう。

再び私の脳裏には、泥だらけの縄跳びロープを拾って、校庭の片隅で休み時間が終わるのを待っている少年の影が浮かんだ。

私は『バーバパパのいえさがし』（A・チゾン&T・テイラー著、山下明生訳、講談社、一九七五年）を読んだあと、横に寝ている息子の横顔から天井に目を移しながら声をつまらせた。今日もだったんだねえ。でも、泣かないでよく頑張ったね。そう思いながらなぐさめる言葉も出ない。

情けないけど、どう言ってやればいいか分からない。

2月23日

　翌朝、

「玄ちゃん、おはよう！」

と呼びかけても、かおるのところでウダウダしていてまるで返事をしない。おしりを二回ほどひっぱたいて、

「朝からダラダラしてないで、ちゃんと朝の挨拶する！　おはようと言われたら、おはようと言うの。はいっ！　さっさとグッドモーニング」

　玄は泣きながら繰り返す。

『グッドモーニング』

　私は次の瞬間、あっ、また〝ちゃんと〟を使っちゃったと後悔する。なかなか抑えられない。この先何回使うだろう。だめだなあ、これじゃ。でも、とにかく意識するようにさえなれば、使用回数は減るだろう。

　自分に言い訳をしながら、苦々しさをかみ殺して朝ご飯を準備する。

　学校へ着くと、久しぶりのミニッシュちゃんが廊下で玄に駆け寄ってくる。玄はま

ったく働きかけようとしない。

挨拶だけはきちっとさせたい。「ハローッ」と言われたら「ハローッ」、「グッドモーニング」には「グッドモーニング」、「ハーイ」は「ハーイ」とはっきり言いなさいと私はまたもや叱ってしまった。

その後、初日に手を引いて座る場所を教えてくれた例の優しいインド系の女の子に、玄は小さな声で『グッドモーニング』と言ったが、小さくて聞こえない。それでも今日はクラスの入り口のところで一度振り向いてニコッと笑い、『じゃあね』と手を振った。


その夜『いたずらきかんしゃちゅうちゅう』（バージニア・リー・バートン著、むらおかはなこ訳、福音館書店、一九六一年）を読んでいる途中で、

『お父さん行っちゃったあと、玄ちゃんいつも、お父さんの自動車がどう走ってるかなあって思ってるのよ』

とつぶやいた。

May I join in?

2月24日

今朝はめずらしく、
『玄ちゃん、学校で元気に遊んでるからね』
とかおるに言ってから家を出る。
『窓から、手振らなくていいからね、お母さん。今日は玄ちゃん忙しいから』

登校時にはまたインド系の子が「ゲン」と呼んでほほ笑む。玄はまだ答えようとしない。再び「グッドモーニングと言いなさい」と促すと、小さな声で『グッドモーニング』。女の子が寄ってきて玄の頬をなでる。玄が指をかんで笑うと、その子もおかしそうに笑う。

今日は学校から、おでこにたんこぶを作って帰ってきた。

『玄ちゃん、ぜんぜん泣かなかったのよ』

「カリシマ」という名前がよく出てくる。今日は教室が開くのを待っている間、大きいお兄ちゃんと野球のボールのけりっこをした。私がまず受けて玄に渡し玄がけり返す。その子は他の子が横から入ってくると、あからさまに嫌がった。あの子の名前だろうか。

2月25日

送っていく車のなかで、

「玄ちゃん、きのうみたいにお兄ちゃんと遊びたいときは〝入れてっ！〟て言うのよ。〝メイ、アイ、ジョイン、イン？〟ってね」

『メイアイ？………？』

「メイアイ、ジョインイン！………メイアイ、ジョインイン？………メイアイ、ジョインイン⁉」

『メイアイ……ジョイン？………ジョインいん…………メイアイ、じょいんイン？』

「そう、メイアイ、ジョインイン？」

『メイアイ、ジョインいん……メイアイじょいんイン……メイアイ、ジョインイン？』

学校へ着くまでの間、玄は一人で何度も何度もこの言葉を繰り返した。

2月28日

産後初めて、かおるが一人で玄を送って行く。

帰ってきてから玄は、

『お昼にお友だちとスープマン遊びしたのよ』

と報告する。

「スーパーマンじゃないの？」

『ちがうの、スープマン』

発音がちょっとネイティブっぽい。

夜、久しぶりに谷川俊太郎作『けんはへっちゃら』（和田誠絵、あかね文庫、一九八七年）の最後の章「せかいはひろし」を読む。

「今日はみんなと遊んだの？」

『…………』

「それとも一人で遊んだの？」

『うん、一人で遊んでた』

「何やって、一人で遊んでたの？」

『…………』

「走り回ったりしてんの？」

『あのね、途中からだとできないの』

「えっ、何？」

『途中からだとダメっていうのもあるのね。…………でも今日は、一つだけ途中で……あとは、初めからだったから、できたんだけど…………』

「〝入れてっ！〟って言えばいいんだよ。日本語でもいいから、〝入れてっ！〟て」

『玄ちゃんに聞いてくる子もいるんだけど、何言ってるか分からないから』

「きっと、玄ちゃんも入らない？　って聞いてるんじゃない？　玄ちゃんも、〝メイ、アイ、ジョイン、イン（May I join in）？〟って聞いてから、入ったらいいのね」

『メイアイ、ジョインイン？』

「うん、じゃあ玄ちゃん、三回練習してから寝ようか」

『うん、メイアイ、ジョインイン……メイアイ、ジョインイン……メイアイ、ジョインイン？』

「そうそう」

『でも玄ちゃん、明日になったら忘れちゃってるかもしれない』

「お父さん、玄ちゃんが覚えるまで何度でも教えてあげるから。また、明日の朝練習しようね」

『うん』

「でも玄ちゃん、日本語で〝入れてっ！〟でもいいんだよ。向こうがペラクチャ、ハラヒレって言ってきたら〝じゃ、入れてねっ！〟って言って入っちゃえばいいの。今日のお話のひろし君みたいに、コトバ分かんなくても大丈夫なのよ」

あれだけ車のなかで練習した〝メイアイ、ジョインイン〟を玄は忘れてしまっていた。きっと一生懸命練習して、休み時間の直前まで練習して、それでも女の子が寄ってきていきなり "Do you wanna join?" なんて言われた瞬間に頭から吹っ飛んでしまったのだろう。大人の私にだって、そんな経験は山ほどある。

それから玄があの言葉をまた使いたいと思ったとしても、『あれなんて言うんだっけ？』と素直に私に聞けなかったこともある。忘れてしまった言葉をもう一度質問する余裕を与えていたかどうか疑問が残る。私自身もまだ慣れない海外での生活に必要以上に緊張していたから、なんとなく怒りっぽいお父さんには玄も聞きにくかったのだろう。子どもが困っていて聞きたいことを素直に口に出せない。そんな緊張感は確かにあったと思う。二月は私にとってなんとなく農閑期だった。

新しい事業の芽をそろそろ探しに回りたい。初めてのロンドン大学でのレクチャーが終わってからは、次の課題は会社の新規事業のネタ探しだ。

成熟社会特有のシステムは確かにイギリスにはわんさとある。でもそのなかで日本に移植可能な社会システムがあるだろうか。事業性を評価しなくてはならない。ないかもしれないという不安もある。あわてなくていいのだと思いつつ、それでもなんとなくあせってしまう。そんな不安定な時期だった。

私自身にも子どものころから両親によって、学校の先生によって、社会によって、高度成長という時代によって、投げかけられ続けた〝早くしなさい！〟の呪文が十分に効いている。

3月1日

玄は私が帰宅した夕方の七時半には、もう寝てしまっていた。そして翌朝六時半までひたすら眠った。


「メイアイ、ジョインインって使った?」

『うん、使った』

「どう言ってた。イエスとか、シュアーとか、オフコースとか言ってなかった?」

『分からなかった。なんて言ってんだか』

「でも、入ったの?」

『うん』

「何に入れてもらったの?」

『えーっとねえ。……………少し、面白いこともあるようになった』

「そう、よかったね。じゃあ、どんどん〝メイアイ、ジョインイン〟使ってね」

3月4日

昼の二時半から学校でバザーがあるというので、大和も連れてみんなで学校に向かう。

窓越しに玄がどんなふうに遊んでいるのか、ちょっとドキドキしながらのぞいてみる。正直いって、もしもまだ一人寂しく校庭の片隅で縄跳びを握りしめているような、逃げて帰りたい気分だ。

私は祈るように廊下の窓からちょっとだけ顔を出して、校庭で遊ぶ子どもたちの様子をうかがった。

女の子が玄の手を引いて何やら誘っているようだ。もう一人の男の子にも何か話しかけられている。入学のときに手を引いてくれたニーラムが、私たちに気づいてこちらを見ながらニコニコしている。頼んだわけでもないのに、二人の女の子が手を引いて私たちのところに連れて来る。玄はすっかり照れてしまって、もう真っ赤な顔をしている。逃げるように校庭に戻ってから今度は、やや大柄な男の子が玄を抱っこして数歩歩いて一緒に転ぶ。二人は校庭にひっくり返りながら笑っている。

一緒に校舎を出たところで、

「玄ちゃんを抱っこしてたちょっと大きい子は誰？」

『あれね、ビリー。……玄ちゃんがだっこしたこともあるんだよ』

「へーえ、重かった？」

『うん』

足早に母の待っている車の方を目がけて行く。校庭のちょうど裏側まで歩いたとこ

ろで、

『ここは、お兄ちゃんたちのとこなの。でもこっちの方に砂場があるって言ってたけど』

「玄ちゃん、お兄ちゃんたちと遊んだの？」

『ううん、遊ばない』

「じゃあ、誰と一緒にここまで来たの？」

『玄ちゃん、一人で来たのよ。先生が見てないときに、一人で探検に来た』

3月6日

水泳でかなりの進歩を見せる。

フロートもグラスもつけずに、頭の先まですっぽり水のなかに入ってプワーッと出ては顔をぬぐうのを何十回もやっている。四、五秒顔をつけたまま浮かんでいられる。四メートルくらい犬かき風の足だけを動かすやり方で泳ぐ。

夜、大和が泣くと、はっきり『うるさい』と言うようになった。

「玄ちゃんだって赤ちゃんのとき、よく泣いたのよ」

とかおるが言うと、

『だって、そのときは、四歳の子がいなかったでしょ』

と真面目な顔で対抗する。

私はその横で『だるまちゃんとかみなりちゃん』（加古里子著、福音館書店、一九六八年）のページをめくる。

3月7日

『今日は急がなくっちゃ……学校かあ……急がなくっちゃ』

と言いながら、おにぎりを二つと魚の皮まで全部食べる。それから庭に咲いていた水仙の花を、

『パワー先生にあげるの』

と言って、一本自分で切ってきた。

「どうして？」

『だって、バースデイなの、今日』

「先生の？」

『そう』

「どうして知ってるの？」
『そうだって言ってた』

学校に着く。
パワー先生は玄から花を受け取ると、
"Thank you so much! It's beautiful."
と、たいそう喜んでくれた。

日本で通っていた幼稚園でも、はじめ、なかなか馴染めなかった。
ある日、幼稚園への道すがら、玄が道端の紫陽花《あじさい》の葉っぱの上にいた〝かたつむり〟を見つけた。私はそれを取って「先生に見せてごらん」と玄に持たせてやった。そのかたつむりが、それまで〝イヤだイヤだ〟一辺倒だった玄の態度を好転させるきっかけになった。嬉しそうにみんなに見せびらかしてから先生にガラスケースのなかに入れてもらうと、みんながすかさず寄ってくる。何か、周りの子がちょっとリスペクトしてくれるような、そんな小さなイベントがその子の居場所をつくることがある。

自分が存在する場所が保証される。

大げさに言えば、子どもはそれで自信がつく。

友人の娘の話もある。保育園でちょっとしたことでイジメを受けていた娘に、お母さんが手作りの指人形を持たせた。先生がこれをうまく使って周りの子とのコミュニケーションをつくる。その子が持ってきた指人形を大事に遊ぶ気持ちがみんなに伝染して、いつのまにかイジメは消えていた。

私は子どもに新しい場所での居場所を与える、そんな小さなきっかけを〝かたつむり効果〟と呼んでいる。

玄は帰宅してから、

『あしたは、クロッカス持って行こうかなあ』と笑った。

3月9日

久々に私と一緒のこちらのベッドで寝る。

『今日は眠いから絵本はなしね』と自分から言って、

『じゃあね、お母さん。また来るからね』とかおると別れた。

「今日は何して遊んでたの？」

『あのね、駆けっこみたいなことしてた』

「お友だちと？……一人で？」

『お友だちと、追いかけるの』

「おにごっこ？」

『カーペットに手をついてね、それから走るの。玄ちゃんいつも勝っちゃうんだよね』

「へーえ」

『お友だち五こ、いつも一緒なのよ』

「えーっ、五人もいるの？」

『あのね、最初泣いてたでしょ。……それから一こできて……また一こ。……それから一こ……それから一こ。……それから一こでね。ね、ファイブでしょ』

この日から急に学校で覚えてきたらしい英語が出るようになった。聞いた音のまま『○○○○って知ってる？』と教えてくれる。いい感じになってきた。

「四月にまた、新しい子が来るかもしれないね」

『四月って何？』

「来月。次の月のことよ」

3月11日

かおるの誕生日。

少し遅れて迎えに行くと、玄は友だちとサッカーをしていて帰りたがらなかった。

『二人お友だち、またできたの。四人も玄ちゃんのとこに来るの』

近くに住む越知《おち》さんの奥さんが、玄より一つ年下の子を入れる学校を探してアクセンドドンマナー校にも下見に行ったらしい。そのとき玄が楽しそうに遊んでいるのを見たと言って、わざわざ電話をくれた。

夜、ハッピーバースデイのケーキを食べながら、

『今日は、〝パードン〟って習ってきたの』

と初めて学校の勉強について報告する。

どうやら玄はようやくアクセンドドンマナー小学校で自分の居場所を見つけることができたようだ。表情も明るくなってきた。もちろんまだ英語が話せないから、いろんな嫌なことも起こるだろう。でも友だちができたということが何より玄には嬉しい。

何がきっかけだったのか、はっきりとは分からない。

〝メイアイ、ジョインイン?〟が、〝開けーっ、ゴマ!〟の効果を表して扉の鍵を開けたのか。先生に持っていった水仙の花が日本にいたときと同じように〝かたつむり効果〟を表したのか。はたまた縄跳びのロープが虹の掛け橋になったのか。

あるいはそんなこととは関係なく、二カ月という時間がエイリアン(外から来た異物)である玄を慣れさせてくれただけなのかもしれない。玄が慣れてくるにしたがって、また友だちも自然に玄という異星人に慣れてくる。玄が新しい環境を受容するにしたがって、環境もまた玄を受容し始める。もちろんそれには何かそのことを促進するきっかけがあったのだろうと思う。

英語、英語とあせっていたのは、どうやら私のひとり相撲だったようだ。

玄は今、言葉なしでも友だちと立派に遊んでいる。コミュニケーションを言葉に頼るのは大人の悪い癖で、子どもには笑顔と駆けっこがあればいい。そしてイギリスではしょっちゅうするキスや、抱き合ったりさわり合ったりするような、もっと直接的なコミュニケーションの方法を子どもたち自身は知っている。

初めのうち、私はあらゆる機会をとらえて玄に英語を教えようとした。かおるが指摘したように、おふろのなかでもそうだった。英語ができないことが玄が小学校の世界に入っていけない原因だと決めつけていたのだ。

ところがそれは大いなる勘違いだった。

たぶん私自身の英語コンプレックスからきているのだろう。私が英語、英語と駆り立てていたぶん、自然な言葉と体で溶け込んでゆく子ども本来のチカラを邪魔してしまったのかもしれない。

肝心なのは言語そのものではなくコミュニケーションすることだ。遊べればいいんだ。ほほ笑み合えばいい。なんてったって感情を表現できればいいじゃないか。日本語で通してもいいから、異なる世界の人々を怖がらないで遊べる子が一番強い。そう、日本語で通してもよかったんだよ。

英語なんて関係なく、自分のやりたいことを遊びのなかで表現していけること。仕事の世界だって同じかもしれない。

ロンドン大学のアンジェラとのやりとりがよみがえる。

イギリス人は肩がこっても〝他人に肩をもんでもらう〟ということをしない。ましてや夫でも恋人でもない男性から肩をさわられるということは、ほとんどセクハラの部類に入る失礼な行為だと解釈する。

マッサージは知っているが指圧はようやく普及し始めたところだ。

でも、私は面白がって、デザイン・マネジメント・センターのどっしりとした椅子にアンジェラを座らせ、肩がこって頭痛がするという彼女の肩と首筋に指圧をほどこした。とはいっても、まったくの素人だから、たんに肩もみをしただけだ。

アンジェラはもうすぐ五十代に手が届く典型的なキャリアウーマンの女性だが、こういう経験は初めてだったようで、しきりに「気持ちいいわねえ。カズ（私の通称）はプロなの？　頭痛が軽くなってきたわ！」と感心する。

「ツボを押さえて指圧をすると、体全体の血液の循環がよくなって、元気の素が生まれるんですよ。これがニッポンのヒューマン・リソース・マネジメントです」と私は解説を加える。

「あら、カズのブロークンな英語で一時間説明されるより、今の肩もみで分かっちゃったわ。ニッポンの会社の成長の秘密が」

肩をもみ続けながら、開いた口がふさがらなかった。それじゃあ一体オレのあの二カ月の努力は何だったのだ。でも、そのとおりだ。

悲しいけれど、肩もみをやれば分かってしまう。英語で説明することがコミュニケーションなのではなくて、分かり合うことがコミュニケーションなのだから。

だから、英語ができるのが国際人なのではなく、言葉に頼らず自分を表現できるのが国際人の条件なのだと、どうやら私は玄に教えられたようだ。

玄はようやく、そのスタート地点についたところだ。

四章　パワー先生の通信簿

子どもを育てるということ。

人類がその歴史の初めから、ずっと繰り返している行為なのにもかかわらず、これほど謎に満ちたことはない。おそらく男と女の恋の問題と同様に複雑怪奇なのにもかかわらず、基本的にはどんな正解もない。誰も教えてくれない。

親は一体子どもの何を育てるのか？　それとも自然に任せて〝育つ〟のか？

何をしつけるべきなのか、それともしつけなくてよいのか？

どうやって子どもに自信を持たせていくか？

自分自身がかけがえのない存在なのだと感じさせてゆくのか？

どうして子どものなかにある〝存在感〟への確信は育《はぐく》まれるのか？

子どもの〝存在感〟と〝父性〟との関わりは？

誰も、正解を教えてはくれない。

今まさに玄は、一つのステップを超えて何かをきっかけに自分自身の場所を確保しようとしている。一体何が玄に自信を与えたのだろう。どんなことが〝かたつむり効果〟を現したんだろう。

ロンドンに渡って四カ月の学校騒動を通じて、私もまた人間の存在感に関わる本質を考えるきっかけを与えられた。

一体、家族には何ができるのか？　そして、父の役割は何だろう？
玄との日々の対話を通して、私の問いかけは深まってゆく。

しつけ

3月15日

夕食前におふろに入ったとき、玄が服を床に脱ぎっぱなしにしているのを見て私は、

「玄ちゃん、自分で脱いだものはちゃんと片づけて」

と片づけさせる。それから夕食のときにテーブルの前で眠ろうとして横になったので、

「食事中はちゃんと食べて、寝る人は上に行って寝る!」

と叱った。

あっ、いけない。また〝ちゃんと〟を連発しちゃった。と後悔しても止まらない。

今日は、かおるがいつも注意していることを叱らないで黙っている。私はその一貫性のなさに腹が立ってきてけんかになった。おまけに、きのうの強風で割れてしまったバスルームの花瓶《かびん》のガラスがまだカーペットの上に残っている。机は散らかりっぱなし、靴下はあちこちに散乱という家のなかの雑然とした状態にイライラしていたこ

ともある。

玄には何をしつけ、何を自由にやらせるのか。

なるべくなら〝ちゃんとしなさい〟という抽象的な呪文は使いたくない。

それでも〝これだけは、しっかりやらせるようにする〟というように、子どもには意志を持ってのぞみたいと思う。そんなことを議論したあと、しきりに眠いという玄をベッドに寝かせたままで歯磨きをしてやっているかおるを見て、私はまたまた腹を立てた。

「そんなこと、自分でやらせろ！」

夜中に隣の部屋で、大和《やまと》ではなく、かおるが泣いている。

再び真っ暗な部屋で明かりもつけずに、今日のひと悶着について、夫婦で話をした。

かおるによると私は、

「欠点ばかり指摘するから自信なくしてしまうのよね。確かに当たってることが多いから、その場で言い返すこともできないんだけど。靴下が落ちてたら怒鳴るんじゃなくて、拾って片づけといたよって言ってくれる方法もあるでしょ。ほめ言葉がぜんぜん足りないのよ」

ということになる。今日は確かに積もりに積もって怒りまくってしまったので、私もあやまることにした。

私自身が育った環境は、きれい好きな母の努力によってつねにクリーンだった。一人しか子どもがいなかったこともあるだろう。少なくとも私には、自分がいない間に自分の住んでいるところが散らかり放題になっているなどということはありえないことだった。自分の領分が乱されることは人一倍いやだった。人と何かを共有するのも下手だった。

子どものころには、自分の領分にはきっちりと線を引いていて、そこに人のものが置いてあったりすると黙って片づけてしまうようなセコイところがあった。潔癖症と言われてもしかたないような一人っ子の悪い面が拡大されていた。

私たちの子どもが、大和の登場によって〝子どもたち〟になって、かおるも家のなかの整理に前のように手が回らなくなると自然、家の様子も前のようにはいかなくなる。私はその状況をまだ受容できずにいた。新しい状況が、私だけでなくかおるや玄にとって、また私たちの住む家にとっても新しい影響を与えて変化してゆくんだということを、しっかり理解できていなかった。

二男が加わって四人家族になったことが、ひとり赤ちゃんが増えただけだとまだ勘違いしていたのかもしれない。

その意味ではまだ、私自身も東京の延長線上に暮らしていた。

3月16日

今朝、玄は急に、

『パワー先生は、もうハハジンになったよ』

と言った。

「そう、よかったね」

と私たちは顔を見合わせて笑った。

玄の顔には確かにほほ笑みが多くなった。〝ハハジン〟という不思議な言葉を玄は自分が安心できるところというような意味に使う。しかし今まで、もう慣れたかな、もういい感じになってきたかなというところでいつも裏切られてきた。

この四カ月間はやっぱりダメだったということの繰り返しだったので、私もまだ手放しで喜ぶわけにはいかない。

大学から夕方、家に戻ると、部屋がすっかり片づいている。

「まあ見てよ。この美しさ」

両手を広げてオペラ歌手のフィナーレのように自慢げなかおるに、

「やればできるじゃない」と私。

「三カ月にいっぺんよ」と妻は笑う。


今日かおるは、これだけは玄に守らせたい五つの方針をリストにした。

その一…挨拶をきちんとする。

その二…食事は家族の一番大切な時間。テレビはつけない。ご飯つぶを残さない。

あと片づけはみんなでする。

その三…服を脱ぎっぱなしにしない。

その四…玄関で脱いだ靴をそろえる。

その五…外から帰ってきたら、まずうがいと手を洗う。


イギリス人は一般的には家のなかでも靴は脱がない。だからイギリスの住宅はドアを開けるとすぐリビングに直結していて、日本の家のように上がりかまちもなければ下駄箱もない。ベッドルームに上がってスリッパにはき替えバスルームでシャワーを浴びるというシチュエーションではじめて靴を脱ぐ。とりわけリビングルームは接客の場所で、寝間着でそのまま下りてくるということもしない。

家族の間柄でも、リビングだけは劇場空間としての緊張感を残しているのだ。

私たちの場合には赤ちゃんがやがてハイハイをするようになるだろうから、できるだけ床に敷きつめられた絨毯《じゅうたん》を汚したくなかった。だから日本流を通して、玄関ドアを開けてすぐのスペースにマットを敷き、そこに靴を脱ぐことにした。外国人のお客さんを迎えたときも、靴は脱いでスリッパにはき替えてもらう。

もはや日本人のこの慣習はひろく認められていて、べつに驚く人もいない。室内でリラックスできるのがいいから、自分の家でもそうしているのだというイギリス人も増えてきた。

さて、先の五つの項目については、かおるの守備範囲できちっと注意をすると約束した。私はしばらく日常的なことで玄を叱るのはやめようと思う。

父の役割はここぞという肝心なときに、スパンと厳しく叱ることではないかと私は勝手にイメージした。これもよく考えてみれば、自分の父親の姿をしらずしらずのうちに追っているのかもしれないのだが。子どもは父の背中を見て育ち、やがて自分の子が生まれて父親になると同じことを繰り返すとはよくいったものだ。

かおるのリストはいささか多いような気もしたが、基本的なしつけとすればこれくらいできないとまずいのかなと納得した。より肝心なことは、これ以外のことではなるべく怒らない。制止しない。「やめなさい」と言わない。そのようにしたいのだとかおるにも話した。

さて守れるか、守れないか。

玄がではない。自分たちが、これらをわが家のしつけとして仕切れるか。

そして何より私たち両親が、それ以外のことで玄の自由な行動を〝制止〟しないということを守れるだろうか。

3月20日

出張先のニースから戻る。大和がよく笑うようになった。

玄は、二単語以上の文が出るようになる。

『フォロー、ミー』

『シィット、ダウン、オン、ザ、カーペット』

おそらく先生が、玄たち生徒に何度も何度も指示を与えているフレーズだろう。きのうの夜は、かおるが洗面台の水を止め忘れてバスルームに水をあふれさせてしまった。そのとき玄は、

『これから、気をつけようね』

と言った。私たちなら、もし玄が同じことをしでかしたら、

「何やってんの！　玄ちゃん。ちゃんと水を止めなきゃだめでしょ！　これ、見てみなさい!!」

と、頭ごなしに叱るところだ。

玄は本当はできるのだ。玄はできる。

もしかしたら私より大人なんじゃあないだろうか。

そもそも〝大人〟って何だろう。

本当に大人の方が子どもより、よく分かっているのだろうか。知識は持っているのかもしれないが、本質は子どもの方が知っていると感じるようなときもある。

それでも、大人の方がより多くを知っているから偉いと言えるのだろうか。大人は子どもより偉いのか。

本当は子どもは全部分かっているのではあるまいか。

玄は分かっている。できるんだ。信用して任せてみよう。何度も何度も私は自分自身に呪文をかけてみるのだが、目の前でモタモタしているのを見るともうたまらなくて、「何やってんだ、ホラ!」が出てしまう。一秒だけ待つこと。一秒待って言うか言わないか、決めたらいい。

それがなかなかできない。

ゲンが作った飛行機

3月23日

今朝は私がシャワーを浴びているとひょっこり顔を出して、

『おはようございます』

などと機嫌よく挨拶してから、おしっこをしていた。今日は玄が待ちに待った、大好きなおまあちゃんの到着する日だ。

この日、学校では午後六時四十分から、初めて担任のパワー先生との父母面談がある。

私はヒースロー空港に母を迎えに行ってから、玄と大和を母に預けて、かおると二人で学校に向かった。

パワー先生は教室の中央に面談用に机をしつらえて、私たちにどうぞ座ってくださいと椅子をすすめながら、にこやかに話し始める。初めに何か心配事や質問はありま

すかと切り出されたので、やや戸惑いながら、かおるは、

「玄は学校ではどんなことが得意でしょうか。家では絵を描いたり、ものを創るのがとっても好きなようなんですが」

と聞く。

「ゲンにはクリエイティブな能力が確かにあります (I know he is good at arts and crafts.)。私にもよく分かっています」

「すごく独立心が強くて (He is independent.) 日本人の子とだけ遊ぶようなところがない (He doesn't stick to other Japanese children.)。挨拶もありがとうも、朝の返事の『イエス、ミセス・パワー』もちゃんと言ってますよ。だから私たちのクラスに、いい貢献 (contribution) をしています」

私は聞いているだけで涙があふれてしまい、パワー先生の目を見ることができなかった。こちらの学校では、独立心がある (independent) ということと、クラスに貢献している (contribution) ということが最も大事とされる。

日本では「活発なお子さんで」とか「非常にきちっとしていて、ちゃんとできてます」というわけの分からないほめ言葉が使われる。それに加えて「優秀でいらっしゃいますねえ、おたくのお子さんは」などと言われれば、「いやあ、それほどでも」な

んてこちらも意味不明の受け答えをしながら、結構いい気になってしまう。

また逆に、これとこれができないので家庭で教えるように心がけてほしいとか、練習させるようにしてくださいとか、弱点をついてくるケースもある。

私自身の記憶では、小学校の高学年ともなるととくに減点法が目立つようになる。実際私がもし教師だったとしたら、そのほうが指導しやすいだろうし、マニュアル通りの減点法が楽だと思う。

玄のいわゆる通信簿のような連絡ノートを見て驚いたのは、すべて、

○○○ができる（Gen can do it.）。
○○○ができる（can）。
○○○もできる（can）。

と徹底した加点法で書き込まれていることだ。

まさに“can”のオンパレードである。玄がしゃべる英語についても同じで〝これが言える。これもしゃべれる〟と、わずかしかない玄の口から出る文章を、根気よく注意深く見守ってくれているのが分かる。

“He can say [go to the toilet], [Shut the door] these small sentences. I think there's no problem."

次に、一カ月ほど前に学校で絵を描くこと（painting）を怖がっていたことがあるので、今度は私が、

「何か、思い当たることはないでしょうか？」

と聞いてみた。

「そうそう、ありました、ありました。それは私がいないときに、他の先生が絵を描かせていたときのことです。ゲンが素晴らしい絵を描いたので、私に見せようとして、その先生がゲンの絵を持って私のところへ来たんです。そうしたらゲンは、何か自分が怒られているのか間違ってしまったのだ、と勘違いしたらしいんです」

玄にとってみれば、自分の絵をあまり馴染みのない先生が取り上げてパワー先生のところに持っていったのを、自分が何か間違ったから怒られたのだと勘違いしたのだろう。あるいはイギリス人独特の身ぶり手ぶりのオーバーな表現が、たとえそれが"Marvellous!"とか"Excellent!"とか言っていたとしても玄には分からない。だから〝怒られている〟と見えたのかもしれない。私にだって、イタリア人同士の仲の良い会話がけんかに見えたり、私のたどたどしい英語の話をできるだけ一言ももらさず真剣に聞こうとするイギリス人の目が、はじめから威嚇《いかく》しているように見えた

りもする。イギリス人は話を聞くとき、相手の目から目をそらさない。それが聞き取りにくければ、いっそう必死に聞き取ろうとする。

気の弱い日本人には、この真剣な目が逆にしゃべるほうを緊張させ、ますます英語が出なくなる。はっきり言って怖い。この、まっすぐ自分を見る相手の目に慣れるまで、私だってこれから何カ月かかるだろう。

「ほかに何か聞きたいことはありませんか？」

話の途中に、パワー先生は何度もこのように聞いてくる。私たちのような外国人はどうしても言葉が足りないから、なかなか十分に聞きたいことも聞けないことがある。どうやらパワー先生はそれを知っていて、気づかってくれている。

帰りぎわに私は、クラスルームのいたるところに飾ってある子どもたちの絵や工作をじっくり眺めさせてもらいながら、パワー先生の一言一言をもう一度かみしめていた。

黒板のある方には、ところせましとライオンや動物の絵が飾ってある。たぶん好きな動物を描かせたのだろう。あるいは何か物語を聞いてから、登場した動物を描きなさいと言われたのかもしれない。玄は、井の頭動物園かロンドンズーのか分からないが大好きな象を描いた。反対側の壁は、ロールシャッハ・テストのような柄の絵だ。

画用紙の片側に自由に色をぬらせて、それを折り返して模様がつくようにした左右対称の芸術作品が子どもの数だけ仕上がっている。同じ色を使っているのに、微妙に個性が表れているのが面白い。そして教室の周りには、机の上に子どもたちのさまざまな工作が思い思いに置いてある。

全体的にはマウントスチュワート校の子どもたちの絵よりヘタだったり、きちんとしていなかったりするのだが、なぜか微妙に自由で伸び伸びしている印象がある。コンテストに出したいような、いわゆる審査員好みの作品は一つもないのだけれど、これでいいんだと思う。この絵の作者である子どもたちに囲まれて、玄は私たちが想像しているよりはるかにしっかりと、自分の居場所をつくろうとしている。

四歳の玄が頑張っている。再びパワー先生の通信簿が頭をよぎる。ゲンは〝トイレ〟と言えるんですよ。〝ドアを閉めて〟も分かるんですよ。まだそれだけしか分からない玄が、ガイコクを前に一人身をていして頑張っている。

すると片隅に、他の子どもたちの工作とはちょっと大きさの違うものが見えた。大体が二十センチくらいの、紙で作った簡単な花や絵を切り合わせただけの恐竜などの子どもっぽい作品に交じって、その作品だけには、長さ五十センチ以上の四角いスペースが与えられていた。

それは、ひときわ大きな、ブラシのような組み合わせブロックで作った、飛行機だった。

“Gen made this airplane.”（ゲンが作った飛行機）

と、大きく書いて表示してくれている。

私はこの瞬間、これだったんだなと確信した。

もう目の前はにじんでしまって、玄がこれをどう作ったのかじっくりと眺めるこころの余裕もない。見えない目でかおるの姿を追った。かおるは少し遅れてその作品の前に来て、やはり動けなくなった。

「玄ちゃん、すごいんだね……」

私はもう一度、この“Gen made this airplane.”の一字一字を確かめるように追いながら、ほんの一、二カ月前まで一緒に学校選びで苦労した思いのなかに、目の前にあるこのシーンを溶け込ませようとしていた。

もはや、この飛行機を飾ったコーナーが、玄にクラスでの居場所を与えてくれたことは疑う余地もない。

玄は日本にいるころからレゴが大好きだった。私も子どものころを思い出して、よく宇宙船や未来の自動車のようなものを作った。持っているパーツを全部使ってレゴの家を作ったり、他のおもちゃの人形や積み木を組み合わせて一メートル四方の町を作ってみせたり。ロンドンに来てからも私と一緒にほとんど毎日作っていたレゴのエッセンスが、この飛行機に息づいている。

玄が一番好きなこと。

それがやっぱり一番確かなコミュニケーションの道具になった。

五十センチを超えるこの大きなブロックの飛行機が、玄が幼稚園に持って行ったかたつむりと同様の〝かたつむり効果〟を示したのだ。

私たちは日本でするときのように、パワー先生に深々と頭を下げてから、玄の教室をあとにした。

その夜、玄は久しぶりのおまあちゃんに『ずーっとずっとだいすきだよ』（ハンス・ウィルヘルム著、久山太市訳、評論社、一九八八年）の絵本を読んでもらってから、一緒に寝た。「おやすみ」と言うおまあちゃんに、玄は、

『シーユー、トゥモローって言うんだよ』

と教えた。

3月24日

朝一番に再び、

『学校行かない！　あんな変な学校、絶対行かない』

新しくおまあちゃんが加わったわが家は、またしてもいつものフレーズで始まる。

昨日の父母面談でいい気分になって帰ってきた私たちは、しばしあっけにとられてしまう。一晩一緒に寝たおまあちゃんと、なんとなくずっといたいと思ったのかもしれない。そのくせ家を出るときには、

『行ってきます！』

と元気よく手を振って出かけて行った。

4月6日

母と一緒に古都ソールズベリーから中世の街並みが残るコッツウォルズを訪ねる。

私と並んで歩きながら横にいる私にポツッと言う。

『玄ちゃんたち、まだ日本に帰れないんだよねえ』

おまあちゃんとべったり十五日間もいて、かなりホームシックがきている。この間
ずっと学校が春休みだったので、休みあけの十一日が怖い。

『What's you doing here?　って、どうしてここにいるの？　って意味だよねえ』

「どうして？　玄ちゃん、よくお友だちに聞かれるの？」

『うん』

「何やってるの？　ってことだよ。What are you doing here?」

『What's you doing here?　でしょ』（発音は確かにこうなる）

「そうだね」

玄が校庭で独《ひと》りぼっちでいるときによく聞かれたフレーズなのだろう。あるいは教室の片隅で一人で遊んでいるときに、友だちが声をかけた言葉かもしれない。

寂しい思いと、いきなり聞かれたときの恐怖、そして声をかけてもらうことに慣れ始めてからのちょっとした嬉しさ。そういったいくつもの感情とともに、言葉の意味が玄のなかに沁み込んでいく。

母とホテルのロビーに降りて行って、掃除をしているメイドさんにいきなり

『How are you?』が出る。部屋ではルームサービスで食事を持って来てくれたボーイさんに『What's that?』とやった。むしろ、おまあちゃんと二人のときのほうが英語が自然に出てくるようだ。その夜、玄はホテルの部屋に母と二人で寝に帰ったとき、

『玄ちゃん、ほんとは日本に帰りたいのよ。……でも、もう慣れたからね』

と母に話した。

4月9日

いよいよ、おまあちゃんは日本に帰る。

きのうの夜、玄は二人で十一時ごろまで話をしていた。二週間以上もダブルベッドでいろいろお話をしながら寝た。よく本も読んでもらった。何よりもよく玄のお話を聞いてもらえた。

十分に甘えられたからだろうか。満足したのか。ヒースロー空港の出国ロビーでの別れぎわ、玄は泣きもせず意外にあっさりバイバイした。

『おまあちゃんの飛行機、うちから見えるかなあ。そしたら、おまあちゃんが窓からバイバイって手ふってるのが見えるかなあ』

4月20日

ハジンダ、ビリーそしてポールと、玄は学校が終わっても遊びたがる。

そのたびにかおるは「エクスキューズ、ミー」と、知らないお母さんたちに話しかけ、「今日、もし時間があるようだったら息子さんを家に呼んで、玄と一緒に遊ばせたいんですが？」

と、お友だちハンティングをするようにした。とくにこの三人は玄の仲良しで、みんなイギリス人ではあるが、それぞれインド系、白人（というのも変な分類だが）、そしてお母さんがたぶんアフリカ系の黒人とバラエティーに富んでいる。

ついに今日、玄は学校が面白くてしょうがないと、かおるに語った。

夜、風呂に一緒に入りながら、

「玄ちゃん、日本の幼稚園もよかったよねえ」と私。

『うん。でも玄ちゃん、こっちの方がずっと好きになっちゃったの。はるちゃんと同じ学校もいいけど、ずっとこっちにいてもいいよ』

明日は、東京から友人が送ってくれた鯉のぼりを組み立てて、庭で記念写真を撮ろうと思う。こころの底から自信が出てきた玄の姿に、日本の鯉のぼりはきっと似合うだろう。

ロンドンにいると季節感がなくなってしまうのが怖い。花の種類はそれほど変わらないのではないかと思うのだが、季節ごとに香ってくる花のにおいの変化があまりないような気がする、とかおるが言う。なるべくテレビを見ないようにしているのと新聞も読んでいないので、イベントの告知広告を通して季節を感じることもない。日本にいたら、電車の中吊り広告だけで世の中の動きが分かるのに。

でもここでは、丘の上のウエンブリーの森のきのこの様子や庭になるリンゴや梨、そしてリスたちの様子で季節を知る。

バスタブのなかで水とたわむれながら明らかに生き生きとしてきた玄の笑い顔を見て、私には、ロンドンでの新しい春が始まったように感じられた。

五章　父の勘違い

仲間に入れなかった理由

6月20日

「今日は玄ちゃんがとっても偉かったから、ほめてあげることが二つあるのよ」と、かおる。

『なーに?』

「一つは、ちゃんと絵を描いて遊んだ後にペンシルを片づけたこと。もう一つは、お弁当で、あんパンを残しただけで、おかずの方からちゃんと食べたこと」

「あれー、玄ちゃん。大好きなあんパン残したの?」と私。

『うん』

「どうして?」

『お友だちが呼びに来たから』

「ゲン、ハリー、ハリーって?」

『うん、早く行こうって』

玄は一番食べたいあんパンを、こうして最後に残しておく。

でもたいてい早く食べ終わった友だちが玄を誘いに来るので、結局食べられないで外へ遊びに行ってしまう。家では、あんパンのように甘いものから先に食べようとして、「おかずから先に食べなさい！」といつも注意されているからだ。


玄は、ご飯を食べるとき、私と違ってよくかむ。

かおるは私が食べるのが早いので驚くが、これは営業マン時代の悲しい遺産だ。昼の時間に客先の近くで一人で食べるのにレストランに入るのも寂しいし、結局立ち食いそばかファーストフードということになる。食べ終わって時計をふと見れば、この間ほんの七、八分ということがよくある。どんなに食べても太らないのはもともとの体質もあるが、かまないで飲み込むように食べるのが原因ではないかと自分でも思う。よくかんでいないから、いくら食べてもすぐ空腹感がある。

もっとも、そんなことでさえも、結婚してから妻に指摘されて初めて気がついた。

だからことさら玄には柄にもなく、よくかんでから食べてねと赤ちゃんのときから繰り返した。〝もぐもぐもぐもぐ〟とよく食べ物をかむ様子を目の前で見せたりした。

その効果あって、玄は人一倍食べるのが遅い。よくかんでからでないと次のものが食べられないからだ。

今日初めて判明したのだけれど、いつも学校での昼ご飯のときにはみんなが早く食べ終わってしまい、玄だけが一人残って最後まで食べているらしい。

みんなは早く食べ終わって、さっさと外に遊びに行ってしまう。家では普段から「よくかんで食べるんだよ！」とか「全部食べてきてね」とか、繰り返し繰り返し言い聞かせている。だから一生懸命お父さん、お母さんの期待に応えようとして、昼休みに、みんなと遊びに出るタイミングを逸してしまっていたのだ。

二月のころ、『いつも最初に入れないから仲間に入れてもらえないのよ』と玄が言っていたのは、このことだった。

こちらの子はみんな、昼食にはスナック菓子程度しか持って来ていないので食べるのが早い。ハジンダやカイエルが、「ゲン、ハリーアップ、ハリー、ハリー‼」と催促しているのに、玄一人だけがモグモグ最後まで食べている。

私が慣れない弁当作りで、ついついタップリ入れすぎてしまっていたことが、昼休みに玄が出遅れて初めの仲間に入れなかった原因になっていた。

四カ月もたって、ようやくそのことが分かる。

今日は、きのう遠足に行って自分で採ってきたイチゴとサクランボまで残してきた。友だちと先を争って昼休みに遊びに出たのだろう。今だからこそ、そのように想像できる。

何度お弁当を残してきたことを叱ったことか……。

私は、自分の配慮のなさにがく然とした。目の前の現象を見て、自分の経験や知っている状況だけからさまざまなことを判断している自分が、一瞬怖くなって青ざめた。

玄はあの当時、どうして自分だけが昼休みに外に出るのが遅くなってしまうのか、どうしてみんなで跳ぶ縄跳びにしろおにごっこにしろ、入りにくくなってしまうのか、私に説明しなかった。自分でも、どうして自分だけが食べるのが遅いのか分からなかったのかもしれない。それより、残すとまたおこりんぼうのお父さんに怒られるから、無理して一生懸命食べていたのではなかろうか。

玄が空になったお弁当箱を見せて、かおるにつぶやいた『お父さん、喜んでくれるかなあ』というセリフを思い起こさずにはいられない。

私には、セルフサービスで食事をとったりバイキングで皿に料理を盛るときに、食べられもしないのにたっぷりと盛る癖がある。子どもができるまでは人に対してもそうだった。営業の接待でよくやる「まあひとつ一杯いきましょう。えっ、もうだめなんですか? そうおっしゃらずに、おつき合いくださいよ。さあどうぞ!」ってなノリが染みついている。玄のお弁当作りも不慣れだっただけに、ハムやポテト、イチゴやバナナをぎゅうぎゅう詰めにした。隙間があるとどうも収まりが悪く感じて、その隙間を何か他の材料で埋めようとした。

埋めつくさなければ安心できない。

これは何かの病気なのかもしれない。

現代がそうさせている部分もある。会社のリズムがそうだ。学校だってそうだった。ゲームでもそういう遊びが多かった。テストの答案は全部埋めていなければ減点される。オセロゲームもバンカースも、みんな埋めつくしていくゲームだ。

会社ではスケジュール表を埋めなければならない。一時間もあいていれば、もう一社回ってこいと先輩から指導された。履歴書に空白などあれば、この間は何をやっていたのですかと厳しく追及されるだろう。隙間のないように、埋めつくしたほうが勝ちになる。もっとぴったりと。もっと無駄のないように。もっと早く!

そうして、私の価値観のまっさらな生地には、全部詰め込んでぎゅうぎゅう詰めにする状態が〝美しい〟と染色されていった。

犠牲者は、私ではなく息子だった。

見えないところで、このゆがんだ美学の犠牲は出ていた。私はふと、自分の美学や思い込みが人を無意識に追い込んで、自分の見えないところで殺してしまうかもしれない――そんな亡霊を見た思いがした。

6月21日

おふろに私が入っていると、あとから玄が入ってくる。

『熱い！』

「熱くないよ」

『お父さんは、ずっと入ってるから慣れてるでしょ』

「大丈夫だよ」

『お父さんだって、子どもになって入れば、熱いよ』

そして私のキンタマをさわりながら、

『お父さんの大きいけど、これ何入ってるの？……玄ちゃんのよりおっきいけど』

「玉だよ」

『あっ、ほんとだ！　なんで玉が入ってんの？』

「そのうち役に立つのよ」

『大人になると、玉が出てくるの？…………へーえ』

6月24日

『あのね、大事なお話聞いてね』

「うん。なあに？」

『When I was going the car, ...uuuu, aaa......I was going to supermarket......nnnnnn......When I was going......I was looking at red car』

車で一緒にスーパーに行ったときに、何か大好きな赤い色の車を見たと言いたいのだろう。たぶんウールワースに売っていた赤いフェラーリのおもちゃのミニカーのことだ。ついに文章が出始めた。文法的にはメチャクチャでも、ずっとしゃべり続けている。ちょうど日本語をしゃべり始めたとき、確か二歳のころもそうだったように、脈絡を気にせずしゃべり続けている。

『ユー、セイ、マミー、ディス』

『アイ、セイ、ダディ、ね？』

お父さんに今した内緒の話をお母さんにしゃべっていいよ、と言っているのだろう。これでいいのだ。こうやって、文法など気にせずベラベラとしゃべり続けることが何より英語で考える頭をつくる。

私は昔、イギリスの語学学校で入学時の文法のテストの点が良かったために、ろくにしゃべれないにもかかわらず一番上のクラスに入れられた。

反対に、文法の時間にはほとんど答えられないのにベラベラ英語をしゃべりまくる各国から来たヨーロッパの学生たちのことが不思議だった。どうしてあんなにしゃべれるんだろう？

日本は、幼稚園と小学校の低学年までの五年ほど、外国人をもっと雇い入れてビデオやゲームやＰＣも使って、楽しく英語を遊べるような環境にしたらいいのにとつくづく思う。イギリス、アメリカのネイティブ（英語が母国語の人）でなくてもいい。そうでないほうがかえって、文法の間違いを指摘するのが生きがいの日本の先生や早口言葉のネイティブスピーカーより、子どもたちを伸び伸び英語に慣らしてくれそうだ。

大事なことは、日常的に私たちの暮らしの周りにはいろんな人がいるということ。

別の言葉をしゃべる人がいる。顔かたちの違った人たちも、障害のある人もみんな一緒に遊ぶことができる。少なくとも怖がる必要はないこと。一緒にゲームをして笑えること。そんなことが幼児のこころに染み込んでいけばいい。

間違いを指摘する教育。欠点をついていく教育。同じ基準で競わせる教育。もうそろそろ変わっていい。

父の威信と息子の自信

6月25日

誕生日に買ってあげると約束しているのは、今年は自転車だ。

玄はことのほか楽しみにしていて、かおるにも、

『誕生日に、自転車買ってもらうの。お父さん、遅いでしょ、帰るの。玄ちゃんの自転車、どれがいいかなって、いろいろ見てくれてるんだ』

などと勝手に説明をしている。

ちょっとまだ早いのだが、スーパーヤオハンの駐車場でフリーマーケットをやっていたので、ちょうど出ていた中古の自転車を十ポンド（約千五百円／当時）で買った。

女の子が乗っていたピンクの自転車で補助輪はない。この自転車を売りに出していたお母さんは、

「うちの子も最初は何度も転んだけど、すぐに乗れるようになったわよ。ぼくも頑張ってね！」

と玄の肩をたたく。

『うん』と小さくうなずいてはみたものの、この時点ではまだ〝転ぶ〟というイメージを明確に持ってはいない。玄は一度自転車屋さんで見たパープルの光り輝く新品をイメージしていたらしいのだが、どうせ転んできたなくするのだからと、ピンクの中古で納得してもらった。新品だと大体百ポンド、十倍はする。

最初は不服そうな顔をして自転車を車のところまで引いてきたのだが、それでも家に戻って車のトランクから自転車を下ろすと、嬉しそうにかおるに報告する。

『ねえ、ねえ。これ買ってきた。玄ちゃんの自転車なの！』

玄のなかでは、もう自転車に乗って疾走する自分の姿がある。さっそく自分で荷台のところに付いている白いボックスのふたの部分に名前を書く。

"Gen"

ちょっとゆがんでしまったがまあいいだろう。丘の上の広い芝生の野原にさっそく初乗りに行く。

私が初めて自転車に乗ったのは小学校一年生のときだった。

ずっと貯金箱にためていた一円玉、五円玉、十円玉、そして時折特別の日にもらった大きい五十円玉。それらを集めて、渋谷の東横百貨店（二〇二〇年、営業終了）の一番上の階にさん然と光り輝いていた黄緑色の自転車を買ってもらった。たぶん半分以上出してもらったのだとは思う。二十四インチ。やっとペダルに足が届く程度で、もちろん地面に足はつかない。

〝大は小を兼ねる〟と言われ、当時は皆大きめのもの、大きめの服を身につけていた。だから玄にも、私と同じように補助輪なしで地面に足がつかない自転車を選んだ。

ウエンブリーには野原が豊かにあるので、少々転んでも大丈夫。すぐ慣れるだろうと軽く考えた。少し下り坂になった芝生の野原で玄をいきなり自転車に乗せて、

「怖くなったら転べばいいからね。芝だから痛くないから、大丈夫」

と告げてから、初めてのことに緊張している表情の玄をゆっくりと送り出す。

左のハンドルと後ろの荷台をつかんでいた手を静かに離す。三、四メートル走ると坂になっているだけに自転車はスピードを増す。玄の表情がすぐに引きつり、いきなり頭から大転倒。さっそうと走るはずだったイメージとはあまりにもかけ離れていた第一幕に、ショックと怖さと悔しさで、久々にサル顔の大泣きとなった。

『玄ちゃん、もういい。いやだ。自転車なんかいらない！　もう帰る』

「なに言ってんの、練習しなきゃ乗れないの。いきなり乗れるわけじゃあないのよ、

誰だって。何度も転んで、そして、お兄ちゃんたちみたいにうまくなるの。はい立って！　いまから練習。今度はお父さんが押さえててあげるから」

泣きながらも玄はよく頑張った。

が、その日は乗れるようにはならなかった。

家に帰っても、かおるに報告しようという意欲もない。

「玄ちゃん、どうだった？」

『…………』

「少しは、乗れたの？　何回か転んだの？」

『もう、いい。玄ちゃんもう、自転車乗らない！』

「でも、みんな練習しなけりゃ乗れないのよ。お母さんも何度も転んで、乗れるようになったんだから」

『もういいから、あの自転車返してきてよ。玄ちゃん、おでこが痛いし足も痛いの』

乗馬の心得として、馬から落ちたらすぐもう一度その馬に乗れというのがある。

それから私は玄をことあるごとに連れ出して、今度は平らなラグビーグラウンドで自転車の練習をさせていた。『もう、いいよ』とか、『玄ちゃん、転ぶの痛いからやだ』とか初めは嫌がっていたのだが、私の方もこうなったら意地である。

このまま頭からすっ転んだ第一印象が幼児体験になって、大人になってから自転車恐怖症にでもなったらかわいそうだ。なるべく早く乗れるようにして、楽しい思いに変えてやりたい。

私自身も三歳か四歳のころだろうか、鎌倉の海の波打ちぎわで波をかぶったのがあとを引いて、小学校の間はずっと水が怖かった。あるとき中学か高校時代にふとしたきっかけで、幼稚園のころ私が描いた絵をファイルしてある連絡帳をのぞいた。

幼稚園の先生になぜだか水を怖がっている様子ですがと連絡帳に書かれて、その返信として母が書いたノートの一文でこのことが分かった。原因が分かるとコンプレックスというものは消えるものなのだろうか。大学時代までには、いつのまにか泳ぐことも苦にならなくなっていた。

ラグビーグラウンドが四面はとれる広い緑のフィールドで、自転車の荷台を支えながら私は走る。いささか運動不足気味なので五十メートルも走るとゼイゼイ言ってしまう。自転車乗りを教える伴走ロボットが開発できないものかなあなどと考えながら、それでも走る。

父の威信と息子の自信がかかっている。

『やったーっ！！乗れたー！』

私の方が叫ぶのが早かったかもしれない。玄は走って来て私に抱きついた。今日はずっと我慢して荷台を支え続けたので、それまで一度も玄を転ばせなかった。その我慢のかいあって六日目にしてやっと乗れるようになった。

今までは後ろを何度も振り返っては、

『お父さん、ちゃんと持っててよ』

と情けない声を出しながら乗っていた。転ぶ恐怖が先に立つ。今日はずっと安心して支えられながら乗っていたので、この恐怖がふっ切れた瞬間、玄は前へ前へと自信を持ってこげるようになったのだ。

考えてみればこれも私の勘違いだった。転ぶのは当たり前だと決めつけて、一番初めのデビューのときにいきなり手を離して大転倒させてしまった。だから玄は自転車が嫌いになった。いや、怖くなった。怖くなるから腰が引ける。腰が引ければ自転車には前には進まない。スキーを始めるとき、初めは怖くて腰が引けるのでスキーの板に乗れず転びやすいのと同じ理屈だ。初めは好きになるように、回り道をしても一生懸命支えてやればよかった。そのほうが早かったかもしれない。

とにもかくにも、こうして父の威信は保たれた。

『お父さん、ありがとう！』

ちょうど夕陽も沈むところだ。


ここで終われば映画のラストシーンのようにかっこいいのだが、このところプールに玄を連れて行くたびに一言いわれることもある。

『お父さん、いつももぐるのとか無理矢理やらせるから、今日は玄ちゃんがちゃんとやるから、玄ちゃんのやりたいようにやらせてね』

私にはどうも教え癖がある。放っておけば何時間かかけて、あるいは何年もかけて自分で自然にできるようになるのだろうが、目の前に自分のできることをできない人がいると、ついつい手とり足とりしてあげたくなってしまう。

教えすぎてしまうのだ。玄の場合にはことさら自分の息子ということが加わり、この傾向はエスカレートする。いきおい、できるまでやらせる〝巨人の星方式〟の様相を呈することもある。泣いても苦しがっても、

「もう少し、そうそう、いい調子。頑張って、もうちょい、うん、やった。やればで

きるじゃない！」

と体育会系応援団を演じきり、あとから玄にけむたがられる結果になる。自転車ではどうやら成功したようだが、プールでは明らかにけむたがられている。

今日は我慢して教えないようにしようと必死の覚悟でいつも家を出るのだが、昼間のプールで無理して教えずにじっと我慢していると、夜はなぜか怒りっぽくなっている。かおるに何度も突っかかる。

エネルギー不変の法則などと表現するのはあまりにも幼稚なのだが、私にはどうやら〝お節介エネルギーが怒りエネルギーに転化しやすい〟きらいがあるらしい。

教えるか、教えないか――それが問題だ。

6月26日
夏休みを前にしたある晩の食事中、玄はいつになく、もの思いにふけっている。
『玄ちゃん、ロンドンの学校に入ったとき、ウンチがパンツについちゃって、それでもってずっと、壁のところに立ってたのね。そしてお友だちが遊ぼうって来ても、うんって言って、ずっと立ってたの』
半年前の記憶がよみがえってくる。この話はかおるも私も初耳で、家でウンチを漏らしたことはあったが、入学当時それでずっと壁の横に立っていたことは、そのころ玄も話さなかった。

『ウンチの表面に筋があるでしょ。座っちゃうとベチャッてついちゃうでしょ。だからこういうふうに、(中腰で)座ってたのよ』

そういえば小学校では初め、本を読む時間にはカーペットの上にじかに座る習慣だった。

『玄ちゃん考えてたら、いっぱいになっちゃって、ご飯食べられなくなっちゃった』

入学したてのころの思い出が、思い出話として出てくるようになった。おそらく思い出として話せるほど気持ちに余裕が出てきたのだろう。それから感情として自分のこころに残ったものを言葉で話せるほど言葉の能力がついてきたこともある。

『玄ちゃん、いつも、お父さんがスキッピングロープ(縄跳びのロープ)、玄ちゃんのコートのポケットに入れといてくれたでしょ。それで、ひとみちゃんや、エリカちゃんとかが、貸してください、貸してください、お願いですからって言ってきても、貸してあげなかったのよ。玄ちゃん、ずっと黙ってて、貸してあげなかった』

入学後しばらくして、一緒に遊ぶ友だちが早くできるようにと私が買ってきた縄跳びのロープ。玄にはどうしてか分からないけれど、自分がそれを貸してあげられなかった思いとともにその記憶が残されている。

ああ、またしても私は勘違いの嵐で、自分が買ってきた縄跳びロープが玄と友だちの赤い糸になるのではないか、いや、なったのではないかとあのころは得意満面だった。私が胸はって玄に与えた新品の縄跳びロープは、結局なんの役にも立たなかったのだと、玄の話でやっと分かった。


最近、食事の最中や一緒におふろに入ってリラックスしているときに、ポツン、ポツンとアクセンドンマナー入学時の思い出が語られる。

よく聞いてみると、初めは毎日ファイティング（けんか）が絶えなかったらしいことが分かる。ときに玄も巻き込まれていたようだが、何も言わないでだいぶ我慢したようだ。先生に言うと逆に怒られると思っていたらしい。たぶん何か嫌な、誤解にもとづくすれ違いがあってのことだろう。

言葉の断片をつむいでいくと、ただ巻き込まれてしまったファイティングのことで、先生に勘違いされて玄が怒られたことがあったようだ。あるいは単に新入りのときにいじめられていたのを、とばっちりで怒られたということも考えられる。なにせ釈明しようにも言葉が出ない。

玄には比較して選ぶことはできないから、何がなんだか分からないことに対しては、ただ反発するか黙っているしかなかった。初めのころ、家に帰ると決まって投げ捨てるように言っていた『バカな学校！』というフレーズ。私たちには、英語が通じないストレスをそんな言葉で吐き出しているかのように見えていた。

だが実際に〝バカな行為〟が行われていたことを、玄が正確に表現していたのかもしれないと、今だからこそ理解してあげられる。

見えないところで何が起こっているのか。

自分の子どもが一体何を本当に嫌がっているのか。言葉の発達段階にあって、まだ十分にボキャブラリーのない子どもから聞き出すのは実にむずかしい。

幼児が思い出を語るとき、その前の長い〝ぼーっとした時間〟。

思いを言葉にしようとしているその貴重な時間を、親の都合でけちらしたこと。私には何度もあったように思う。

6月27日

明日は初めて家族一緒にパリに行く。

玄の英語力はこの一、二週間で飛躍的に伸びてきた。今までコップに水を注ぐように段々段々たまってきたものが、ここへきて少しずつあふれ出てきた感じがする。

子どもの能力はいつもこのように寄せては来る波のごとく、ずーっと進まなかったかと思うと、突然すごいスピードで伸びることがある。

『Where has Ms. Power gone?……I think she is not at the school』

『今日玄ちゃん、どうして遅かったかというと、something to do with だったのよ』

『I gonna France……って、今日みんなに言ってたのよ。……ホテルにお泊まりするって』

私はこのころ、仕事のベースを当初の計画通りパリに移そうかどうか迷っていた。教育用のマルチメディアソフトを作る日仏連合軍を設立する構想を温めていたのだが、すぐにパリに引っ越すか、それとももう少しロンドンにとどまるか。

六月十六日にパリのフォンテンブローにあるビジネススクールＩＮＳＥＡＤ（インシアード）での講義が無事すみ、ようやくゆっくりと来年をにらんでどんなビジネスを起こそうか考える余裕ができた。

同じころ、ロンドンで成功しているフリーアドペーパー（個人広告情報紙）〝LOOT（ルート）〟との接触が始まって、イギリスと日本を結ぶ新しいビジネスの芽がつくれる可能性が出てきた。これは後に〝じゃマール〟という新規事業につながっていくのだが、五月二十六日にキルバーンパークにあるルート社を訪れたのがきっかけだ。そのとき迎えてくれた社長のデイビッド・ランダウ氏と専務のハイジ・バーグマンさんの印象がきわだって良かった。欧米の経営者としては、長期的な視点に立って社会の変化に貢献したいという意思が感じられた。

しかも、すれ違う若いスタッフの表情が生き生きしていて明るい。

年商三十億円にも満たない小さな会社がやっている、個人による個人のための日刊個人広告情報紙〝LOOT（ルート）〟。これは何か日本でやれそうだというにおいが、私をもうちょっとロンドンにとどまってみようかなという気持ちにさせる。

今年になってから半年の間、海外にせっかく出たんだからあわてなくてもいいんだ、ゆっくりやろうじゃないかと自分自身に言い聞かせてきたつもりだった。

しかし一方では、何か、これはいけると確信を持てるものを早くつかまなければとあせっていた。そのあせりがストレスとなっていら立ちにつながり、結果的に玄にも悪影響を及ぼしていた。

『お父さんがお母さんをブッて、お母さんが玄ちゃんをブッて、玄ちゃんがやまちゃんをブツんだね』

玄がそんなことをつぶやくときもあった。

いいネタを見つけたかもしれないというかすかな自信が、私に気持ちの余裕を与える。私のリラックスした様子は、そのまま玄の精神的な安定の基盤になる。家族の意味についてはまるで音痴としか言いようのなかった父親一年生の私にも、ようやくそれが分かってきた。

それに玄はあと半年ほどで、かなり自然に英語が出るようになるだろう。いや、英語的な発想を日本語の構造とは別に獲得するかもしれない。今、玄はぎりぎりの転換点にいる。ここで私たちがイギリスにとどまったほうが、おそらく玄にとっても二番目の山を越えてガイコク社会に溶け込む大きな足がかりになるだろう。ガイコクが玄を受容しようとしてくれている。ようやくコミュニケーションが始まったところなのだ。今、引き離してはいけない。

私は今年いっぱいイギリスにとどまろうと決心した。

不思議なことに、この決断がイギリスに来てからの私にかつてなかった安定感をもたらすと同時に、玄の落ち着きが、自信が、そして底抜けの笑顔が戻ってきた。ちょうどそれは、かおるが大和の夜泣きの問題を克服して、ようやく安心して寝られるようになった時期とも重なっている。私たち二人の親が自信を取り戻した六月に、玄の英語が突然あふれるように出てきたのも、もはや偶然ではないことが私にも分かった。

それと呼応するかのように、玄の『お母さん、遊ぼ！　遊ぼ!!』攻撃もずっと少なくなった。大和を喜ばせようとする働きかけも増えてきた。もちろんたまに足げりもしているが、前のような露骨なジェラシーではなくなった。

父が威信にかけて教えた自転車に乗れるようになったことと関係があるかどうか定かではないが、さらに自信が深まったことが玄を落ち着かせ、安定した精神状態を保たせているように見える。自分自身への自信から、人に対する優しさもわいてくる。

もしかしたら子どもにとって、自分という存在に対する自信、つまり自己肯定感(Self-esteem《セルフ　エスティーム》)が一番大事な財産なのかもしれない。と、ふと思う。

そして自転車に乗れるようになった玄が、今度は私に注意を与える。

『お父さん、食べてるときにお勉強なんてしないの。食べたあとにやりなさい』

「はーい」

エピローグ　帰還

1996年　春

ロンドンに一年暮らした後、パリに渡った私たち家族は、玄の小学校入学にあわせて東京に帰ってくることになった。

パリではフランス語で教える地元の小学校ではなく、英語がメインのインターナショナル・スクールに入れたので、二年あまりの学校生活を通じて玄の英語能力は飛躍的に上がっていた。英語を重視すれば、そのまま東京のインターナショナル・スクールに入学させる手もあったとは思うが、私も妻も地元の公立小学校を選択することで意見が一致した。

地元の小学校には玄が通っていた幼稚園の同級生が何人か上がってくる。だから一緒に遊ぶ友だちには困らないだろうというのが妻の理屈だ。かおるは学校に電車で通っていた経験があり、地元に友だちがいなかったので、家に帰ってからいつも寂しい思いをしていた。一人で家の前の道に石で絵を描いていた毎日のことが思い出されるのだろう。

私はまた違った理由から日本の小学校がいいと考えた。漢字を覚えることが、日本人として生きていく基本になるように思えたのだ。

仕事がらいわゆる帰国子女と呼ばれる人たちの就職の相談に乗っていて、何度か感じた疑問がある。英語はペラペラ、日本語も何不自由なく冗談なども交えてしゃべるのに、どうもキャラクターがつかめない。なぜだろう。本当に何を考えているのか、どうしたいのかが伝わってこない。

背負っている文化的な背景から自然に押し出されてくるはずのもの、言葉の背後にある意味のようなものが、すごくつかみづらかったりする。私は何度もこのタイプの人たちに遭遇して、自分なりにその理由について考えざるをえなかった。

人間は普通、言葉で考えている。言葉で思考した上で自分の考えを述べる。だから自分の考えにはたぶんに母国語の影響が出る。母国語の文化的背景が好むと好まざるとにかかわらず自分の考えに反映してゆく。ところが何かを深く考えたり悩んだりするときに、よりどころとなる母国語のベースを持たなかった場合、本来かもし出されるはずの思いやしゃべっている言葉の背後にある意味が、どうしても伝わらないということがあるのではないか。帰国子女の人たちのうちの一部にこの傾向があるのは、小学校から中学校にかけて日本と外国を行ったり来たりしたせいで、言語的に安定した環境に置かれなかったことが影響しているように思われた。

もっともこれは本人のせいではない。父の仕事の都合に翻弄《ほんろう》されて、表面的には国際人として育っているかのように見える子が、実は深く思考する言語のベースを失ってしまう。私には他人ごととは思えなかった。

おまあちゃんとおじいちゃんはもちろん、孫たちの帰りを手放しで喜んだ。

ロンドン到着後すぐに大和が生まれ、それからほぼ二年で長女の未琴《みこと》がパリで生まれたから、私たちは玄と三人で出発して、結局五人で帰ってきた。

とりわけ私の父は病気をしたことで日本を出られなかった。だから玄の入学に際しては、はなから「おじいちゃんがランドセルを買ってやるから」と決めていた。

孫への人気稼ぎは、何といってもプレゼントにかぎる。

しかし、私はあっさりその申し出を断った。

まず近くのデパートでランドセルの値段を見て、高すぎると感じた。日本では一般に革製品は高いけれども、小学生の日常グッズにこの値段はないだろうと腹が立った。

それ以上に異常に見えたのは、相変わらずの色彩感覚だ。

男の子は黒、女の子は赤。最近はけっこういろんな色も出ているが、ランドセルに関しては日本はまだ戦時中なのだろうか。とにかくこの色が嫌だった。これじゃあまるでアタッシェケースを持った官僚のイメージだ。

小学校＝入学＝ランドセル。このお決まりのパターンから私はまず、玄を逃がしてやろうと考えた。

父は大いに文句を言った。私に内緒で玄をデパートに連れ出し、さん然と光り輝くランドセルを見せてしまっていて、玄も欲しいと言っていると陽動作戦に出る。かおるも、玄ちゃんだけ仲間外れになるのはかわいそうだとランドセル派に味方した。母も「みんな買っているんだし、長く使うものなんだからいいんじゃない。とにかく、おじいちゃんの気がすめばいいんだから。買わせてあげたら」と懐柔策に出る。ぜいたくな話ではある。

何度か押し切られそうになりながら、私は不思議な感覚にとらわれていた。なんか、変だなあ。

それは私に、四年前の春に玄が発したあの言葉を、再び思い起こさせた。沈丁花《じんちょうげ》の花の香りに、二歳の幼児は『ありがと』と言った。

玄が道ばたの花とコミュニケーションをしている。どんな大人にもできないコミュニケーションをしている。彼は今このときをこころから楽しんでいる。私はその豊かな時間の流れを断ち切って、公園へ行くという目的に玄を駆り立てようとする。公園という場所でさえも、息子の豊かな時間のための手段にすぎないことも忘れて。

子どもが生き生きと目を輝かせているのならば、公園など行かなくてもいいのだということを、すでに大人である私は忘れている。

私にとっては公園へ連れて行くということが〝子どもをかわいがる父親〟の象徴のように思えていたのかもしれない。いや、確かにそんなイメージがある。息子をブランコに乗せ、滑り台で遊ばせる父が、〝子どもをかわいがる良き父親像〟として刷り込まれている。なぜか私のなかの常識の一部になっているのだ。もしかしたらそれは、私自身の幼いころの父との体験からくるのかもしれないし、ファミリーっぽい商品の宣伝フィルムが繰り返す〝父性〟のイメージの影響かもしれなかった。

結果的に私は、玄に〝公園に行く〟という常識を押しつけた。

『ありがと』の言葉は、かぎりなく豊かな時間であったはずの〝いま〟このときを、父によって断ち切られてしまった息子の、一瞬前までの幸福な時間に対するオマージュ（敬《うやま》う気持ち）ではなかったか。

今では、そんなふうに感じられる。

大人はときに、さしたる目的も考えずに〝常識〟で子どもの生活をめいっぱい埋めつくす。

私がロンドンで作って持たせていたお弁当もそうだった。

玄にとっては、さっさと食べられて友だちと一緒に遊びに出るのが好ましかったのに、私は具がいっぱい詰まった弁当が良いお弁当だと勘違いしていた。それが〝百点満点のお弁当〟のイメージだった。

私に刷り込まれていた、そんな偏《かたよ》った常識は、息子が友だちと遊ぶ貴重な時間を奪っていた。「よくかんで食べるんだよ」とか「残さず食べるんだよ」という私から発せられた常識的な呪文の数々も、玄が自然にガイコク社会に溶け込むチカラを阻害していた。

私には、今またランドセルが、そのようなものの象徴として登場したように思われた。だから〝ランドセル〟〝ランドセル〟とランドセルを買うという常識にこだわる父たちが許せなかった。

私はもっと柔らかく考えようとした。

どう見ても小学一年生にランドセルは重そうだ。でも、大きなランドセルを不つり合いに背負った小さな子が、けなげに歩く姿は実にかわいい。親たちがこのイメージ欲しさにランドセルを買い、桜の木をバックに写真を撮って残そうとする気持ちもよく分かる。背負ってしまえるから両手が空く。片手に上ばきの入った袋を持ちながら、雨の日には傘も差すだろう。

ならば山歩き用のリュックではどうだろう。リュックが大きすぎるならデイパック（リュック型の小さいもの。一般にリュックと総称するから以後リュックと記す）ではどうだ。それならお弁当も楽に入るし、上ばきも一緒にサイドポケットの方に入れられる。

こっちの方が合理的だし、小さな体にもフィットするからより安全だ。デザインもいろいろある。

しまいには結局、知人からもらった小柄なリュックを本人に見せたところ、『この方がカッコいいから玄ちゃんこれで行く！』ということになった。

四月、初登校の日。

ロンドンのときのように、またトラブルがあるだろうか。

それともパリのインターナショナル・スクールのときのように、周囲の心配をよそにルンルンとスキップをしながら帰ってくるのだろうか。

パリでも学年の始まりは九月で、玄は二月からの中途入学だった。英語の心配は格段に減っていたものの、友だちができるかどうかは相当気がかりだった。

それでも初日に体育の授業があって、そこでたまたまロンドンで私が何度か教えたことのあるテニスをしたことが、ラッキーにも〝かたつむり効果〟を発揮した。

体育のジャマール先生は玄の担任ではない。だから玄がニューフェースとして入ったことは知らなかったはずだ。玄は例によってどうしていいか分からずに隅《すみ》の方で、怒ったような顔をしてぼんやりクラスメートのテニスを眺めていたのかもしれない。

ところが誰かが今日は新しい子がクラスに入ったんだということを先生に伝えてくれた。ジャマール先生は、すかさず「ウェルカム！　ニューボーイ!!」と大きな声をかけて、玄を相手に何回もボールを投げてはラケットで打ち返させることを、みんなの前で繰り返した。このとき、たまたま三回玄が打ち返せたのを大げさに「すごい。君はスポーツ・スターだ！」と言ってほめてくれたのだ。

玄はそれから、物置きに放りっぱなしにしてあったテニスボールとウインブルドンで買った子ども用のラケットを引っぱり出してきて、毎日楽しそうに壁に向かって玉を打つ練習をした。

『今日はテニスあるかなあ』が、毎朝学校へ行く道での口癖になった。

私と妻は今回、日本の小学校への入学についてはすんなりうまくいくのではなかろうかと、完全に楽観していた。

何といっても、ロンドンやパリのときとは違って四月の学期初めからの入学だ。幼稚園で一緒だった、はる君やしんちゃんも一緒なのだ。家ではずっと日本語で話していたから言葉のほうの問題もない。担任の先生もベテランでよさそうだし、校長や教頭先生にも事前に会ったがオープンな印象で学校の雰囲気もいい。それに何といってもクラスの人数が二十五人程度で少ないのが気に入った。

ところが玄は、またしてもプリプリ怒りながら帰ってきた。

かおるにはロンドンの悪夢が頭の片隅に去来した。帰宅して靴を脱ぐが早いか『やだ。あんな学校行かない！』を連発する。

その理由をよくよく聞いてみると、先生や友だちや学校のことで嫌がっているのではないことがしだいに分かってくる。おふろのなかで話の続きを聞いていたかおるが発見した今回の原因は、なんと私のすすめたリュックだった。

玄以外の全員が、真新しいランドセル姿で登校したのだ。

何か友だちから言われたかもしれないが、「玄ちゃんの何それ?」くらいのことだろう。教科書を初めて机の上に出すようなとき、自分だけが周囲と違っていることに必要以上に驚いてしまったのかもしれない。

しかし私は、日本の常識の恐ろしさについて、改めて思いめぐらさざるをえなかった。〝ニッポンの常識〟の暴力的な側面について。大人たちの常識が子どもにとって、有無をいわさぬ強制力に変わる瞬間について。その結果として、親の常識が、子どもたちの創造性をつぶしてしまう可能性について。

外れようとする個性を、引っ張り戻して無理矢理標準化してしまう空気のようなものについて……。


私は翌日も、玄をリュックで通わせることにした。

もちろん玄は嫌がった。

私は妻と相談して、玄を送って行くついでに担任の先生にこのことを話して「ランドセルじゃあなくてもいいのだ」ということを、帰りがけに言ってもらうようお願いすることにした。

担任の先生はすぐに事情を察して「玄ちゃんのリュック、すごくいいと私も感心してたんですけどねえ」と対処を約束してくれた。

先生のやり方は実に鮮やかだった。その日すぐにみんなの前で「玄ちゃんのバッグ、かっこいいねえ。ランドセルもいいけど、こういうのも先生、好きだなあ」と一言ほめてくれたのだ。

玄がルンルンとスキップしながら帰ってきたことは、説明するまでもない。

個性をつぶすのも大人の一言。伸ばすのも大人の一言なのだ。

玄はそれから一カ月もしないうちに、わざと英語で話しかけたときでもまったく英語をしゃべらなくなった。私の質問に対しては、『だって、お父さん。日本では英語は必要ないんだモン』と合理的な答えを返してくる。完全に日本の子どもになった。

リハビリは一カ月で完了した。

このことを幼稚園の経営者でもある友人に話すと、「でも、もしかしたら玄ちゃん、入学してすぐ何かの拍子に英語が出ちゃったとき、笑われたり、何か嫌な思いをしたりしたんじゃないのかしら。子どもってねえ、親の期待とは裏腹に、みんなと一緒がいいのね。他の子と違うのは嫌なの」。

〝平均化〟や〝標準化〟は、もともと子ども自身も望んでいることだという。

そう言われれば二男の大和は、何でもかんでもお兄ちゃんと同じことをしようとする。そして長女もすぐ上の二男の行動をよく真似る。あの言動を見ていると、どうやらこの説はもっともだなと思う。

この間は、いつも一杯がやっとの夕飯で、突然玄が三杯もご飯をおかわりした。おふろに入りながら妻に『玄ちゃん裸になると、ガイコツってみんなに言われるんだモン』と語った。イジメというほど深刻なものではない。当の玄自身も違う機会には人の弱みや体の特徴を指差して、しらずしらず悪気なく友だちを傷つけているに違いない。

ミニ四駆やポケモンを持っていないと今や会話の輪に入れないことも含めて、子どもたちは何かメジャーな話題を中心にして自分たちの安心な場をつくろうとする。

その一方で何かわずかな違いを見つけて、その違いをはやし立て笑うことで、小さなクラスのなかでまとまろうとしている。

こうして子ども自身の側からも、〝標準化〟という暴力は保証されてしまう。

『ゾウの時間　ネズミの時間』（本川達雄著、中公新書、一九九二年）という、かつてベストセラーになった本がある。

　この本のなかには、動物はサイズが違うと体のなかに持っている時計の速さも違うということが書かれている。人間も、大男と小さい人との間では同じ一分の時間感覚が微妙に違うのだろう。もっと拡大して言えば、人生全体を通しての時間の流れ方も違うはずだ。

　さて、この本のなかで「島国では動物のサイズが平均化する傾向があり、逆に大陸的なところでは分散が大きくなる」という動物学の一般法則が紹介されている。

　おそらくこの法則は、人間という動物の才能や人生に対する考え方にも同じような影響を及ぼすのだろう。島国にいるとどうしても発想のサイズがこぢんまりと平均化する。「大物を育てるには、天井の高い家に住むといい」というある住宅会社のコマーシャルにも、なるほどうなずけるものがある。

　しかしより大事なのは、そういった動物としてあらかじめ刷り込まれた物理的特性より、一人ひとりが幼いころに世の中を見るフレームワークとして持つ〝世界観〟と、そのなかでの自分自身への〝自己肯定感〟なのではないかと私は思う。

　たとえばフランスの子どもたちは、小さいころから陸続きのドイツやオランダ、スペインやイタリアに両親と旅をする。日本でいえば東京の子どもが四国や九州に行くようなノリだ。そこではまったく分からない言葉に出合い、お互い言葉でのコミュニケーションができなくても平気で、髪の毛や目の色の違う子どもたちとスキーや海水浴をして遊ぶ。いっぽう自宅のそばの公立の学校でも、黒人、白人、黄色人、青い目、茶色い目、黒い目といろいろいて、両親との関係で初めから三カ国語を話す子やフランス語しか話せない子、そしてフランス語も話せない子と一緒に勉強し、交わって遊ぶ。

一人ひとりが〝違う〟ことは、初めから自然の一部だ。

そうした日常を通じて、地域的で面的な広がりのある世界観が育《はぐく》まれる。

また、ルーヴルへ行けばいつでも無料で（十八歳未満の子どもや学生からはお金をとらない）、ダ・ヴィンチの微笑やミケランジェロの母性やラファエロの天使たちに会える。自分の家のリビングにある、ひいおじいちゃんから延々と使い続けてアンティークの部類に入った家具やランプやテーブルセットも、子どもたちの時間感覚や歴史観を豊かにする舞台の小道具だ。

こうして、地図の上でも歴史的な時間軸の上でも、子どもたちの世界観とそのなかで生活する自分という存在の実感が、ゆっくりと広がりをもって育まれてゆく。

問題はどうやら、島国だからとか日本の家が小さいからという空間的なことだけではなさそうだ。

子どもたちの意識のなかの「世界観」。

その幅や奥行きの不十分さが、本来伸び伸びとしているはずの子どもたちの言動を規定し、標準化させてしまうクセモノではないかと思う。

彼らの世界には、もともとどこからどこまでという意識はない。

花のにおいをかいでいた玄には、花の香りと自分とが一体化した感覚があったかもしれない。目的と手段の区別もない。公園に行かなければならないからといって、せっかく花と一体になっていた自分の感覚世界を、グサッと切り裂いて分断してしまう大人の論理は分からない。

彼らはこうして、もともと豊かで柔らかい世界観を持って生まれてきたにもかかわらず、私たち大人の持つ固定的な常識や貧困な世界観によって標準化されてゆく。さらに、考える時間を与えまいと常にせかされる時代の流れが、彼らの自己肯定感の自然な成長をもむしばんでいる。

イジメもここから生まれる。

逆にそれが多様で柔らかく豊かに育まれれば、人の弱みより自分の強みに自信を持つ人間として、のちに機会を得て福分《ふくぶん》を発揮してゆくだろう。

日本の戦後の教育システムは、正確で迅速な業務の処理を得意とするサラリーマンの大量生産を目的としていた。だから私自身もそうであったように、子どもたちは何の疑いもなく進学し、就職し、エリートサラリーマンを目指した。

これを崩して、もっと柔らかで多様な豊かさのある成熟社会を実現するためには、学校と家族と地域社会《コミュニティ》とが力を合わせて、もう一度子どもたちが小さいころに育む〝世界観〟を編集し直さなければならない。

戦後五十年がそうであったように、家族が学校の出先機関であった時代を終わらせよう。さらに言えば、〝父性〟そのものが産業主義の出先機関であった時代を終わらせよう。私たちが父から刷り込まれた、大人の常識を押しつけるタイプの〝父性〟から子どもたちを逃がしてやろう。

いや、大人が固定的な常識や古い世界観で邪魔をしないことが大事なのだと思う。邪魔をしなければ子どもたちには、新しい時代をつくるチカラが備わっている。

そう信じてしまおう。

さて改めてここで、父にできることは何だろうかと考える。

父にしかできないことは何だろう。

私の疑問は、二歳の玄が発した『ありがとう』の言葉から始まった。私の頭のなかを埋めている常識の群れが、ときとして子どもの自然な成長を阻害する。似て非なる人格だと思い込んでいた自分の父の態度が、実は私に乗り移っていて、その真似にすぎない〝父性〟と勘違いしていたものの発動が、子どもの自然な思考プロセスを寸断してしまう。

危ないなあ、と思った。子どもが感じることのほうに正しいことが多いのではなかろうか。もしかしたら彼らは、初めから分かっているのではないか。意識の上にはっきりと上ってこないから言葉にできないだけで、識《し》っているのではないだろうか。

だとすればやっぱり、邪魔しないことが大事なのだと思う。

私は玄との面と向かったコミュニケーションを通じて、自分がまず、何によって呪《じゅ》縛《ばく》されているかに気がついた。

いや、息子が気づかせてくれたのだ。

「早く」「ちゃんとできる」「いい子に」の呪文が——高度成長を支えた日本の教育制度のキャッチフレーズが、見事に私の〝常識〟のなかに巣くっていた。

弁当箱を埋めつくさなければ気がすまないことや、初めに決めたスケジュール通りに公園に着かないといら立ってくる〝百点満点症候群〟もその一部だったと、今なら素直に認めることができる。

だから私はことさら、息子にリュックを持たせようとした。

それが、あたかも私自身に巣くう常識に対する聖戦であるかのように。

父というものは、自分たちの父親の真似をして子どもに常識を押しつける性なのではなくて、子どもとともに常識をくつがえしていくほうの性なのではないか。

子どもに刺激されながら、子どもとともに「なんか、変だなあ」という疑問を問いかけてゆく性なのではないか。

父らしくすることによって父になるのではなく、もっと子どもっぽく、常識と思われているものに「なんか、変だなあ」爆弾を投げつけてしまうこと。

そのことによってこそ、父となりうる存在なのではないだろうか。

私には、そんな気がした。

自分が負っている時代の呪縛に気づき、その呪縛から自分自身を逃がそうとするとき、子どもは親を救ってくれる。子どもをその古くて固い常識から逃がそうとすれば、自分自身への呪縛も解ける。

子どもとともに問いかける「なんか、変だなあ」のおまじないは、私には、新しい時代の父性を生み出す〝開け、ゴマ！〟のようにも感じられた。

子は父を育てることがある。

謝辞

この文庫本の発売をもって、ちくま文庫版・藤原和博「人生の教科書」コレクション全八冊の出版プロジェクトが、ひとまず完了する。

文庫版の巻末にある、よくある解説の代わりにエッセイや対談をお願いすることとし、それだけ読んでも魅力がある、豪華な執筆陣が揃った。

つくづく、ありがたいと思う。

『本を読む人だけが手にするもの』（特別エッセイ　前田裕二）
『必ず食える1％の人になる方法』（特別対談　西野亮廣）
『10年後、君に仕事はあるのか？』（特別エッセイ　橘玲）
『処生術――自分らしく生きる方法』（特別エッセイ　勝間和代）
『35歳の教科書――今から始める戦略的人生計画』（特別エッセイ　古市憲寿）
『45歳の教科書――モードチェンジのすすめ』（特別対談　為末大）
『55歳の教科書――坂の上の坂を生き抜くために』（特別エッセイ　森川亮）

『父親になるということ』（特別エッセイ　宮台真司）

最初から意図していたことなのだが、この八冊に次の既刊の二冊を加えて、飾り箱に入れた藤原和博「人生の教科書」コレクションを発売する予定だ。

『人生の教科書［人間関係］』（解説　茂木健一郎）
『人生の教科書［おかねとしあわせ］』（解説　木暮太一）

人生に迷った時にいつでも手にとってもらえるように、学校では教えないし、親も会社の上司も教えてくれない、ライフマネジメントの珠玉の知恵が詰まっている贈答用の玉手箱である。

大学合格祝い、成人式祝い、就職や転職祝いを始め、結婚、出産、あるいは三十五歳、四十五歳、五十五歳の誕生日のお祝いに。転居祝い、昇進祝い、事務所開きのような機会での大事な人へのプレゼントに。加えて還暦祝いの参加者へのお返しなど、一万円以内で買える知的でお洒落な贈り物として使っていただければ望外の幸せだ。

編集担当の羽田雅美さんには、単行本と新書を十三冊、文庫化をこのシリーズ含めて十八冊と拙著三十冊以上を編集してもらった。

二〇二一年十二月までに九十一冊の本を出したから、およそ三冊に一冊を編集してもらったことになる。

なかでも、九八年と九九年に出版した『人生の教科書［よのなか］』と『人生の教科書［ルール］』（合本され、ちくま文庫『人生の教科書［よのなかのルール］』として十七刷のロングセラーに）は十万部超のヒットとなり、人生の教科書作家としての私の基盤を作った。ここで改めて感謝したいと思う。

また、文庫編集長の永田士郎さんは、前職（かんき出版）で『対人関係』（のちに『人生の教科書［人間関係］』として文庫化）を編集してもらった縁があり、このシリーズの名付け親でもある。

装丁は、アートディレクターの寄藤文平さんに一貫してお世話になった。十冊セットの藤原和博「人生の教科書」コレクションに、美しい飾り箱もデザインしていただいた。これも楽しみだ。

最後に、シリーズ締めくくりのこの本に素敵なエッセイを添えていただいた宮台真司さんとの縁に触れておこう。

宮台さんとは三十年の付き合いで、『人生の教科書［よのなか］』と『人生の教科書［ルール］』の共著者だ。

もともとの出会いは、私がリクルートでメディアデザインセンターを立ち上げた時期に遡る。東京大学に面白い研究者がいるというので来てもらったのだ。

当時、たしか大学生のタイプを「失敗した時、どんな風に自分自身を誤魔化して身を守るか」で分類する手法を編み出したということだった。今風に言えば「レジリエンス」強度の研究だ。分析を一目見て「面白い！」と感じた私はすぐに新設のワークデザイン研究室の室長に紹介。それが本の情報誌『ダ・ヴィンチ』での連載につながり、リクルートと宮台先生との縁が深まっていくキッカケになった。

その後、私はこの本に詳述したようにヨーロッパで成熟社会のありようをつぶさに目撃し、一九九六年、帰国後即会社を辞めてインデペンデントのフェローとなったのだが、一九九五年に筑摩書房から出版された名著・宮台真司『終わりなき日常を生きろ』から大いにインスパイアされ、勇気をもらった。感謝、感謝である。

私は一貫して、会社人間から会社内「個人」、組織人から組織内「個人」へと、日本社会の中で「個人」を目覚めさせる伝道師のような役割を演じてきた。

さらに、生き方として「正解主義」から「修正主義」へ、正解を当てる「情報処理力」から自分なりの仮説を編み出す「情報編集力」へのシフトチェンジをと、出版活動と講演やYou Tubeを通じて、二十年以上に渡って布教してきた。

いずれも、成熟社会で自分らしく生きるための「処生術」である。

その総仕上げとして、この教科書があり、生徒が全員先生でもあるオンライン寺子屋「朝礼だけの学校」を開校した。興味があれば、どうぞ入学して欲しい。

二〇二一年十一月二十七日　「朝礼だけの学校」の目覚まし朝礼　一周年の日に

「朝礼だけの学校」校長　藤原和博

教育改革実践家／和田中学校・一条高校元校長／リクルート社初代フェロー

【文庫版特典エッセイ】

子育てによる「親育ち」

宮台　真司

渡英と子育てが重なった藤原氏が、父親の役割を模索してアタフタしつつ成長する。子育てというより「親育ち」の本だ。子育て中の僕は我が事のように感じた。本書は子育てを通じた親の自己回復の物語だ。自分の言葉の外にある感情の働きが子に何を及ぼすかを学ぶ。

子育ての可能性は、親の成長でのみ開かれる。感情的に劣化した親は感情的に劣化した子を再生産する。現に生じている。日本社会は劣化した。劣化は人の劣化による。人の劣化は共同体劣化による。共同体劣化で劣化した親に子が抱え込まれ、さらに共同体が劣化する。

だから本書は極大の意義を持つ。意義を確認するには、日本社会の劣化と日本人の劣化の双方を自覚する必要がある。だから双方の劣化を統計ベースで述べる。過去二十年それを紹介してきた。だが知らない者もいる。見たいものしか見ないフィルターバブルのせいである。

日本社会の劣化と日本人の劣化をデータで確認後、僕が考えている処方箋を述べる。これは子育てを通じて試行錯誤しつつ考え出した。藤原さんが子育てを通じて「かたつむり効果」など様々な概念を手にしたのと同じだ。子育てからどれだけ学べるのか見てほしい。

経済指標の劣化

まず経済指標に見る劣化。先進国で唯一日本の実質所得が過去二十五年間下がり続けている。二〇一五年には平均賃金が、二〇一八年には一人当たりGDPが韓国に抜かれた。最低賃金は韓国の六割。ヨーロッパの高い地域や米国の高い州の半分。GAFAMやサムソンは日本にない。

回復の見込みは十年スパンでは皆無だ。二〇一一年の福島第一原発爆発以降、欧米では再生可能エネルギー市場が爆発し、太陽光発電と風力発電のコストは化石燃料や原発の半分。化石燃料と原発に執着する日本は、企業から家庭までバカ高い電気料金を税金の如く払う。

来年中にノルウェーでは全新車がEV化する。EU全体とアメリカの一部州は二〇三〇年までにほぼEV化する。これらは既に二割以上がEV化しているが日本は二％（ハイブリッド車はEVとは呼ばない）。EVは家庭で発電された電力を蓄電して給電する蓄電池でもある。日本は巨大電力会社の系統線に依存し続ける。

これらを含め経済指標悪化の理由は、既得権益を動かせないから。電力もマスコミも車も各々巨大既得権益を頂点とするピラミッドがあり、政官財学挙《こぞ》って庇《かば》いあう。背後には「沈みかけた船の座席争い」をする日本人の劣等性がある。人の劣等性による経済劣化だ。

この劣等性を社会心理学者山岸俊男は、日本に公がないからだとした。誰にでも内集団＝所属集団があり、外に外集団たちがある。これら全集団を支えるプラットフォームへのコミット（規範的関わり）が公。日本で言う滅私奉公の「公」は所詮は内集団に過ぎない。

これを柳田国男は日本には社会がないと言った。ただし世間が社会と似た機能を果たしてきたとする。誰もが村（共同体）や年功序列企業（疑似共同体）に所属するが、同心円的延長上で、皆も同様に生きているのだと想像するのだ。これが世間である。だが弱点がある。

各人が（疑似）共同体を失うと世間を想像できなくなる。そして各人が共同体を失い、世間も消えた。世間を支えた条件を失い、公＝社会に近い機能を果たす世間を失った。内集団での自分の地位に粘着、外を考えないから産業構造改革できず、経済が墜《お》ち続ける。

国際競争力を失った既得権益を守るべく、雇用を非正規化して貼り付け、法人減税を消費税化で補う。かくて購買力が奪われ続ける。まさに悪夢の自民党政治の二十五年。だが自民党や安倍・菅らが悪いのではない。「日本全国どこを切っても金太郎飴の安倍・菅の顔」なのだ。

既得権益は巨大なものに限られない。ここ十数年は若年層ほど政権支持率が高い。理由は二つ。一つは若年層が豊かな時代を知らぬこと。もう一つ、身軽になった既得権益が非正規の雇用と所得を若干改善したから。それで非正規を含む若年層が「現在」にへばりつく。

人の劣化はいつからか。江戸時代からとする歴史学者もいるが、一九七〇年の自決直前に三島由紀夫が劣化を記している。いわく日本人は一夜にして天皇主義者から民主主義者に変節した。一番病つまり所属集団内のポジション取りのため。そこには規範がない＝「空っぽ」。

空っぽぶりは若年層に自覚されていよう。ポジション取りのために一夜にしてフェミニストになり、ＬＧＢＴＱになり、ダイヴァーシティやＳＤＧｓを唱え始める。

かかる無規範なエゴイストが「意識高い系」と呼ばれる。そこには価値観ならぬ自己中心性（山岸）がある。

日本人の劣化が日本の劣化をもたらした。と言うと定番の反論に出会う。維新以降の近代化や戦後の再近代化の成功は「日本の凄さ」の現れだと。そう。日本人の劣等性が日本の劣等性として現れない条件があるのだ。丸山眞男を手掛かりにそれを記述しよう。

「凄さ」の背景は共通前提。戦時を考える。勝てそうな状況だとイケイケドンドンで一丸となるが、戦況が悪化するとセクショナリズムや責任のなすり合いやポジション取りのための出鱈目な作戦だらけ。インパール作戦やレイテ戦では九割が餓死とマラリア死だった。特攻も戦艦大和の沖縄派遣も勝算なき「片道切符」だった。

出鱈目を強行した帝国陸海軍幹部は、極東国際軍事裁判で「忸怩たる思いはあったが空気に抗えなかった」と言い訳する始末。「我が責任なり」と述べる者はいなかった。「沈みそうな船が沈まないように尽くす」かわりに「沈みかけた船の座席争いに淫した」のだ。

かように、負け戦となった途端に共通前提が綻び、「日本人の劣等性」が直ちに「日本の劣等性」として露呈する。日本経済は二十五年前（九七年）から先進国で一国だけ低落基調。またもや「船が沈みそうな船が沈まないように尽くす」かわりに「沈みかけた船の座席争いに淫した」からだ。

経済の話をした。内集団でのポジションに粘着、全集団のプラットフォーム＝公を考えないから、産業構造改革できず、ただ沈む。政治界隈でもアカデミズム界隈でも教育界隈でも同じだ。そこには日本人の劣等性をもたらす「社会の問題」がある。だから短期で治せない。

人は教育改革を口にするが無理だ。第一に、教育改革するのも人。教育する人も教育されて成長するから鶏&卵問題になる。第二に、人が劣化していれば制度を変えても骨抜きだ。現に憲法が変わっても、戦時に生じたことと経済敗戦・コロナ敗戦で生じたことは酷似する。

社会指標の劣化

問題は社会だ。だから社会指標の話をする。社会の健全さを示す統計指標だ。最も有名なのは幸福度。昨年のユニセフ子供幸福度調査ではＯＥＣＤ加盟国の下から二番目。大人の幸福度は過去二十五年間四〇～九〇位を行ったり来たりの低迷ぶりだ。詳しい中身をデータで示す。

財団法人日本青少年研究所の高校生調査（二〇一四年）では「どんなことをしても親の世話をしたい割合」は中国九割、米国五割、日本四割未満。「親をとても尊敬している割合」は米国七割、中国六割、日本四割未満。「親に反抗すべきでないと考える割合」は中国八割、米国八割、日本一五％。「家族生活に満足している割合」は、中国五割、米国五割、日本四割未満だ。

日本の家族は空洞化しているが、関連するのが自尊心のデータ。同調査では「私は価値のある人間だと思う割合」は米国六割、中国四割、日本八％。「自分を肯定的に評価できる割合」は米国四割、中国は四割、日本は六％。まさに惨状だ。

家族と自尊心が関連する事実を示すデータ。日本の夫婦は他国に比べて愛より金。日本だけの特徴的データは「女は金があれば結婚せず、金がなければ金のある男と結婚し、だが男は金がない程結婚できない」というもの。年収一二五〇万を超える女は六割が生涯未婚だ。

以下のデータも日本だけのものとして有名だ。未婚者が、結婚できない理由の第一に挙げるのが金がないことだ。他国では逆に金がないことが結婚する理由になる。家計をシェアできるからだ。シェアハウスなどの日本のブームはその埋め合わせだから、素直に喜べない。

僕が設計した二〇〇〇年のZ会大学生調査。親が愛し合っていると思う割合五割、愛し合っていないと思う割合五割。問題はその先だ。前者は恋人がいる割合が高く、性交の経験人数は少ないが、後者は恋人がいる割合が低く、経験人数が多い。親同士の愛を目撃できない子は愛する力を奪われる。

以下はセンシティブなデータで統計が取れないが、親業ワークショップの経験から言う。日本の親は子に「愛と正しさに生きていれば立派になれる」と教えず、「勉強しないと負け組だよ」と教える。それが学校生活を通じて子の自尊心を破壊するのだと推測できる。

偏差値で六五以上で自分は勝ち組だと意識すると仮定する。簡略化を期して全国の成績分布が各教室に集約されるとする。すると全体で占める勝ち組だと思う割合は約七％となる。親の勝ち組・負け組コミュニケーションの中で育った子の九割以上は、自尊心を保てない。

次に友愛・性愛関係。日本性教育協会「青少年の性行動全国調査」に見る高校生の性交経験率は第六回調査（二〇〇五年）で男二六・六％、女三〇・三％。第七回調査（二〇一一年）で男一四・六％、女二二・五％。第八回調査（二〇一七年）で男一三・六％、女一九・三％と急落した。男は半減している。

大学生は第六回（二〇〇五年）で男六三・〇％、女六二・二％なのが、第七回（二〇一一年）で男五三・七％、女四六・〇％、第八回（二〇一七年）で男四七・〇％、女三六・七％と急落した。それから五年経過した現時点では高校生・大学生ともさらに大きく下がり、ピーク時から半減していると推測できる。

国立社会保障・人口問題研究所「出生動向調査」によると、微減したものの今でも九割近い未婚男女（三十五歳未満）が、そして、すらネット調査によると小中高生いずれも九割以上が、将来結婚したいと言う。だが実現は困難。二十歳女の生涯未婚率は六割との推計もある。

この性的退却は二〇〇〇年前後に始まる。少し前の九六年に友人関係が変化した。この年はセクハラ元年（この言葉が人口に膾炙した）、かつストーカー元年でもある（ストーカー被害報告が爆発した）。この年、援交取材現場で変化が生まれ、イタイという言葉が聞かれた。

援交の担い手がトンガリキッズ（教室で人気の層）から、地味な自傷系にシフトした。女子高生らが援交する事実を互いに隠すようになった。グループ取材で「親友」同士が、聞いてないよの連発。尋ねると、「どう思われるかが一番気になるのが親友じゃないですか」との答えだらけ。

この時期、援交に限らず「イタイと思われたくない」が拡がった。性的に過剰なのがイタイ。オタクの蘊蓄競争がイタイ。政治について発言するのがイタイ。今の大学生の三つのタブーに繋がる。性的話題・政治的話題・趣味の話題について裏垢（裏アカウント）を作るようになっている。

今の大学生から聴き取ると、友達がいるのは百人に一人。と言うと、自分にはいると反論する。だが彼が言う友達は、年長世代にとっての知り合いに過ぎない。年長世代にとっての友達とは、「悩みを話せる相手」。その意味では、最近の若い世代にはほとんど友達がいない。

悩みを話せる相手がおらず、まして悩みを話すと一肌脱いでくれる相手がいない。そんな者に、恋人が作れるか。彼らが言うカレシ・カノジョはコクってイエスと答えた関係に過ぎず、年長世代が言う恋人ではない。付き合っても委ねや明け渡しがなく、性交もただの作業になる。

僕が八〇年代にやった三回の大規模な大学生調査では、自己評価と対人能力が強く相関する一方、自己評価が低い者＝対人能力が低い者ほど公共的関心が薄かった。一つの仮説は、自己評価が低いと自分のことに関心が奪われ、社会のことを考える余力がなくなること。

もう一つの仮説は、対人能力の劣化ゆえの政治的話題の回避（当たり障りのないことしか話せないこと）が、政治的無関心に結びつくこと。最近の聴き取りから両方のファクターが効いていると推測される。こうした自己評価と対人能力の劣化は何に由来するか。以下、歴史と理論を示す。

劣化の歴史的背景

拙著『14歳からの社会学』（ちくま文庫）冒頭に、六〇年代前半と今の中野駅前の夕刻の写真を載せた。六〇年代は、子供らが蠟石で道に落書きをし、縄跳びをする。大人も多数行き交う。今の倍の交通事故死があったが、子供も大人も人の集まりに置かれていた。他方今の夕刻は空っぽだ。

五〇年代には呼出電話があって近所のＴＶがある家に集まったのが、六〇年代は「団地化の時代」で電話が家に一台になって茶の間にＴＶが置かれた。地域空洞化を家族内閉化（専業主婦化）が埋め、パパ・ママ・僕・私みたいに核家族化し、家族団欒の言葉が流行った。

八〇年代は「コンビニ化の時代」。子供に弁当の小遣いを与えて、母親は自由に働けるようになる。八五年は男女雇用機会均等法施行年。日本電電公社の民営化で多機能電話が出て「電話が個室化」。同じ頃NIES諸国で作られたTVが一万五千円台で買えて「テレビが個室化」した。

だから「コンビニ化の時代」は個室化の時代だった。「一つ屋根の下のアカの他人化」が進む。象徴的だったのが八五年のセブンイレブンのCM「ケイコさんの稲荷寿司篇」。夜中に稲荷寿司が食べたくなった女がコンビニに駆け込み、稲荷を買って「あいててよかった」。

昔は、夜中に稲荷寿司を食べたくならなかった。昔は、夜中に買い物に出ることもなかった。家族や近所の目があったからだ。CMは、六〇年代の地域空洞化に引き続く八〇年代の家族空洞化を表す。家族空洞化を市場化（コンビニ化）と行政化（保育園化）が埋め合わせた。

これらを象徴したのが八五年に誕生した世界初の出会い系、テレクラだ。夜中に女がコンビニに駆け込む。稲荷に併せて、八三年からコンビニで販売が始まったレディスコミックを買う。稲荷を食べつつ頁をめくるとテレクラ広告があり、手元にコードレスホンがあって……。

二〇〇〇年代は「ケータイ化の時代」。二〇〇二年にケータイ所有率が世帯半分を超える。八〇年代のハチ公前と二〇一〇年代のハチ公前の写真を比べる。前者は人々が顔を上げて連れ立って歩く。後者は多くがケータイを覗き込んで歩く。公共空間で各人が「個室に閉ざされている」。

地域と家族の空洞化の歴史を見ると、六〇年代の「団地化」＝「地域空洞化の家族内閉化による埋め合わせ」、八〇年代の「コンビニ化」＝「家族空洞化の市場＆行政化による埋め合わせ」、二〇〇〇年代の「ケータイ化」＝「個人空洞化のSNSによる埋め合わせ」という展開だ。

劣化の理論的背景

こうした歴史は、政治の錯誤によるのか、必然だったのか。理論的な結論は後者だ。だから他国でも似た展開が見られる。社会学では、システム世界と生活世界を分ける（ユルゲン・ハーバーマス）。システム世界は、便益の授受を市場＆行政に頼る。先のコンビニ化がそれだ。

生活世界は、便益の授受を共同性（人間関係）に頼る。コンビニと宅配で生きられるようになると人間関係を頼らなくなる。だからシステム化が進むと生活世界が空洞化する。八〇年代にこれが起きた。生活世界にある地元商店から、システム世界にあるコンビニへ。

コンビニでは店員がコンプライアンスでネームタグを付けるが、地元商店にあった「今日は負けてくれないの?」といった人間関係はない。生活世界は記名的。システム世界は匿名的。マニュアル通りに役割を演じられれば誰でもいい。だから個人は入替可能になる。

前者を「人格的関係」、後者を「没人格的関係」と呼ぶ。システム世界は、没人格的関係で覆われるので人的流動性が上がる。ただし僕の子供時代(六〇年代)もスーパーやデパートがあったが、地元とは別の非日常空間だった。つまりシステム世界は非日常の例外だった。

今はむしろ生活世界が例外である。それを象徴するのが孤独死だ。孤独は英米などでも政治的問題になっているが、問題が孤独死として顕在化しているのは日本のみ。生活世界空洞化は日本で異様に高速だ。日本社会にはシステム化に侵されやすい性質があるからだ。

背景には、日本社会には共同体従属規範(長いものに巻かれろ)はあっても共同体存続規範(村や家族を守れ)がないことがある。理由は縄文時代の地政学に遡る。大半が山で各所に点在する沖積平野に住み、狩猟採集段階から狩場を巡って争う殺戮戦がなかったのだ。

孤独死は在宅死の四人に一人。半数以上が六〇歳未満で、八割以上が男。女の大半は死ぬと翌々日までに見つかるが、男の多くは腐臭がしてから。タワーマンションに住む金持ちでも、二〇歳の大学生でも孤独死する。要は、SNSが途切れて誰も訪れてくれないと孤独死する。

かねて男の社会関係資本の乏しさは驚異的だ。二十年前、旅行先での名刺交換で「元三井物産部長」という名刺を出してきた男がいて、腰が抜けた。所属集団での地位がないと何も言えない男だらけ。ビジネスのゲタを履く男は、リタイアすると人間関係が消えるのだ。

仕事オンリーで許される男と、許されない女という性役割差別が大きい。退職後に妻にへばりつく夫が八〇年代末に「濡れ落ち葉族」と言われた。「亭主元気で留守がいい」という八〇年代前半のCMコピーもあった。定年退職直後に離婚される男が、今も量産され続ける。

去年（二〇二〇年）一年間はコロナ禍で自殺率が上がった。最も上がったのは既婚の三〇代主婦。非正規雇用で苦しい未婚の女ではない。空っぽ家族に閉じ込められる辛さに原因があろう。金づるでしかない男が一つ屋根の下にいる苦痛。この空っぽさに関する、柳田国男的な説明がある。

柳田によれば、日本の家族は、地域集団に包摂されて初めて共同体らしく機能する。子は親に躾けられず、祖父母や近隣の異年齢集団を通じて社会化された。「子供は村の子」と言った。家族に規範がない。だから地域空洞化が進むと自動的に家族空洞化が進む道理だ。

だが誰もそれを自覚していない。授業で孤独死の話をする時、最初に手を挙げさせると自分にとってリアルだと思う人は一〇人に一人。でも、SNSが途絶えても誰も尋ねに来ないと富裕層でも大学生でも孤独死する事実をデータで示すと、最後は三人に一人が手を挙げる。

「システム世界＝市場&行政」を頼るが故に「生活世界＝人間関係」を蔑ろにして生きる人は、災害でシステムがダウンしても誰も助けてくれない。同様に、体の異変でSNSを使えなくなっても、システム世界の外にある人間関係を頼れない。だから孤独死するのだ。

まとめる。郊外化には「団地化＝地域空洞化×家族内閉化」という第一段階と「コンビニ化＝家族空洞化×システム化」という第二段階があり、そこに「ケータイ化＝個人空洞化×テック化（システム化の一種）」という第三段階が訪れた。それが日本人の劣等性を露わにした。

日本人にはヒラメ・キョロメ的な共同体従属規範はあっても、何としても村や家族を守りたがる共同体存続規範はない。だから「システムやテックを頼れても人間関係を失ってはならない」という規範が働かない。これが、他の国々に先立って生活世界が失われた理由だ。

六〇年代後半に団塊世代は村や家の縛りを「封建的」と呼んだ。ここに日本人特有の劣等性が現れている。絆コストを払わなければ絆は得られない。東日本大震災後、盆暮の帰省が増えた。各種調査によれば「何かあった時に頼れるのは親族だから」。愚かすぎて呆れた。

自分が生き残るには絆が必要だという損得勘定は、定義によって絆ではない。絆の定義は、自分が犠牲になっても助けたい人がいること。だから、日本には震災時点で絆の意味を理解する者がいなくなっていたことになる。絆にタダ乗りするフリーライダーだらけなのである。

新住民化という恐ろしい転機

八〇年代が日本の転期だ。コンビニ化が「新住民化」を意味したからだ。新住民とは土地にゆかりなき人。土地にゆかりがないので共通感覚（コモンセンス）がない。

だから掟よりも法が重要になる。掟の「善悪」よりも法の「損得」に傾斜するようになるのだ。

カリクレスと論争したソクラテスに遡れば（プラトン『ゴルギアス』）、掟は損得を超えた善の内発性で従うもの。法は罰せられないように損得で従うもの。善悪の内発性に従うことで法による罰を受けるなら喜んで受けよう。それが毒杯を仰いだソクラテスの立場だ。

九〇年代に入るまで、焚き火は条例違反だったが通報されなかった。九〇年頃までは花見の宴で代々木公園で焚き火をしても、警官は火の大きさは注意するがやめさせなかった。だが郊外や地方では八〇年代半ばから、都市では九〇年代に入ると何かと通報されるようになった。

学問では「法化」と呼び、善悪の共通感覚の空洞化を見出す。さくらももこの『ちびまる子ちゃん』（集英社）は八〇年代に消えたものを描く。日が暮れても外で遊ぶこと。昔はゴム跳びやドッチボールで晩飯時まで遊び、家族に呼ばれて次第に抜けて終わった。今はなくなった。

また、よその家でご飯を食べることもなくなった。両方は同じ理由だ。新住民化で、信頼ベースを支える共通感覚が失われ、不信ベースになったからだ。どんな不審者がいるか分からない、よその家でどんな〝悪影響〟を受けてくるか分からない……。まさに空洞化である。

かくて子供が地域で育つことがなくなった。冒頭の「子が親に抱え込まれる時代」が始まった。柳田に戻れば、日本には親が子を躾ける伝統がなく、漁村では誰が父親かも問わなかった。親は子の扱いを伝承されていない。だから、子の抱え込みが大きな危険を意味するのだ。

八〇年代の新住民化で「共通感覚の破壊を加速する法化」と「親による子の抱え込み」が重なった。「言葉の自動機械・法の奴隷・損得マシーン」のクズな親に子が抱え込まれた。その子らが九〇年代に成人し、〇〇年代に子を儲け始め、今それが大学生になりつつある。

こうして、日本の地政学的条件に基づく構えに、郊外化の歴史が重なることで、クズな親が生まれ、クズ親に抱え込まれた子がクズ化し、それがさらに親になってクズの量産体制に入った。かくして、沈みかけた船の上席にしがみ付く、子々孫々を考えぬ浅ましくさもしい者たちが蔓延するのだ。

劣化社会への処方箋：外遊び編

戦間期マルクス主義者グラムシは、革命が欧州先進国で起こらない理由を主観的条件の未成熟（階級的特殊利害の疎外はあれ、現に生きられているという社会的全体利害を重視する保守性）にあるとし、従来と逆向きの「文化革命↓政治革命↓経済革命」を重視した。

「階級的特殊利害の疎外はあれ、現に生きられているという社会的全体利害を重視する保守性」は今の大学生にも見られる点で、グラムシは概ね適切だが、大衆の感情的能力を信頼している点で楽観的過ぎる。今は既に、文化を支える感情的能力自体が劣化しているからだ。

ならば感情的能力の回復に文化・政治・経済の全リソースを使うべきだ——そんな認識を元に、震災直後から主に男相手の性愛ワークショップを始めた。気になる相手と性愛関係に到る方法を説くナンパ講座と違い、性交後の絆を作る感情的働きの涵養に注目したものだ。

参加者の大半がナンパ講座出身。損得を超えた感情が普通の人より乏しい。だから敢えて対象にした。でも歩留まりが悪くて二年で諦めた。ワークショップでは「ミメーシス」と「アフォーダンス」を重視した。ミメーシスはギリシャ語の「感染的摸倣」。凄い人の前にいると思わず真似をしてしまうこと。

　アフォーダンスは生態心理学の概念で、物の配置や相手の身体に呼び掛けられ（called）思わず体が反応する（respond）という call & response だ。ミメーシスもアフォーダンスも主体の選択ではなく、思わず心身が動くという中動態の態勢であることが共通している。

　面白いことがあった。外出自粛要請で子供たちが外遊びしなくなって、一昨年（二〇一九年）は二匹のカマキリを育てて毎日イナゴを採って与えていた小一の長男も、ゲームしかしなくなった。だから、昨年（二〇二〇年）秋に外出自粛要請も軽くなったので、山梨の虫が沢山いる場所に行った。

　すると、六歳児がバッタやコオロギを自動機械のように採りはじめた。「やっぱ虫が好きじゃん」「別に好きなんじゃなくて、虫がいると体が勝手に捕まえちゃうんだよ～」。アフォーダンスが生じていたのだ。彼は虫によってアフォードされていた。僕はとても安心した。

　ワークショップの作業目標の一つは、相手と自分が「同じ世界を生きる」「同じフローに乗る」「一つのアメーバになる」「変性意識状態に入る」「相手の快不快が自らのものになる」こと。でも参加者の九割は「理解はできるが想像ができない」と反応し、拒絶した。

甘かった。ナンパ講座出身者は損得マシーンで、どう性交に持ち込むかを目標に練習してきた者だ。これでは相手との絆は作れない。それを自覚して僕のところに来た。だが僕は「同じ世界を生きる」「アメーバになる」のシニフィエ（指示されるもの）がないことを想像しなかったのだ。

アフォーダンスがなければミメーシスもあり得ない。アフォーダンスの不在は「身体性の欠落」だ。これでワークショップを続けても歩留まりが上がらない。それで「身体性の欠落」の原因を手当てすべく、親業ワークショップにシフトしたのだった。詳細を話そう。

こうした「クズ＝損得マシーン」への閉ざされの背景に、八〇年代から総崩れした成育環境がある。思えばそれをずっと研究してきた。九三年『サブカルチャー神話解体』（ちくま文庫）、九四年『制服少女たちの選択』（講談社、今は朝日文庫）、九五年『終わりなき日常を生きろ』（ちくま文庫）、九七年の『まぼろしの郊外』（朝日文庫）。

それで「地域空洞化→家族空洞化→個人空洞化」の流れを見出した。逆に辿ると、個人空洞化の手当てには家族空洞化の手当てが必要で、家族空洞化の手当てには地域空洞化の手当てが必要だ。だが四十年間でリソース配置が激変し、家族・地域の空洞化はどうしようもない。

そこに必要となるのが機能的思考。因果的思考と区別される。「AならばX」という時、因果的思考ではAを一意の原因と見做しがちだが、機能的思考ではAと機能的に等価なBやCを視界に入れる。Aが不在でも「BでもX」「CでもX」と等価選択肢を想定するのだ。

そこで親業ワークショップで目標としたのが、体験デザイナーの養成だ。地域や家族が十全だった頃の子供たちが成育環境から何を体験したかが分かれば、地域と家族が空洞化した今でも、親や教員に限らず子供に関わる大人が機能的に等価な体験をデザインすればいい。

ただしそこでも、個別の体験ではなく、体験で得たクオリア（体験質）に注目した機能的思考が必要だ。具体の出来事に縛り付けられた思考が邪魔になる。これが成功すれば、マクロには不可能でも、ミクロにはミメーシスとアフォーダンスに開かれた身体を醸成できる。

そうした身体なくして利他性や貢献性はあり得ない。そうやって、機が熟するまで身体性を具備した存在を継承してゆく。それを僕は「社会という荒野を仲間と生きる戦略」と表現する。

日本の劣化は構造的に不可避だから、この戦略になる。「社会という荒野を仲間と生きる構え」を持たせるには、どんな体験をデザインすべきか。実は親だけでなく、映画監督も舞台演出家も建築家も都市計画家も自覚がなくても皆が体験デザイナーだ。ならばそれを自覚した上で、体験デザイナーとして機能的最適化を目指すのだ。

体験デザイナー養成は柱が二つある。第一は外遊び教育。第二はコンテンツ教育。各々を話す前に「言外・法外・損得外のシンクロ」について話す。「言葉の自動機械・法の奴隷・損得マシーン」という新住民的構えの背後にある身体性の叩き直しが共通の目標だからだ。

僕のゼミには、この二十五年ほど時々ネトウヨが入って来る。彼らは自分を右翼だと思い込んだ神経症患者に類する存在で、不安の埋め合わせとしての無意味な反復に勤しむだけだから、不安を手当てすれば短期間で治せる。つまりイデオロギー現象ならぬ、病理現象なのだ。

最近学生から、定年退職した親がネトウヨ化したとの相談を受ける。ネットを見ると似たケースが続発している。先の「濡れ落ち葉族」に似た現象で、アイデンティティが所属に縛り付けられた男が、所属を失って不安化し、陰謀論に固着する。つまり、これも神経症的だ。

僕のアドバイスは「間違ってもイデオロギーの話をするな。誕生会や家族旅行を企画して包摂しろ」。実際すぐに治る。ゼミに入ってくるネトウヨへの対処も機能的に等価だ。「居丈高にならなくても大丈夫、皆お前の気持ちは分かってる」と包摂すれば、やがて快癒する。

だが、治る速度には個人差がある。経験的には、子供の頃から武術やスポーツの激しい訓練をしてきた者が治りやすい。「言葉の自動機械になるな、言外・法外・損得外に開かれよ」と告げた場合、「言外・法外・損得外」という言葉に記憶から体験質をシニフィエとして充てがえるからだ。

話を戻す。親業ワークショップでは「言外・法外・損得外」の体験質が得られる体験のデザインを親に示す。具体的には、外遊びの体験デザインとして、「虫取り」と「焚き火」を推奨する。子供が「言葉の外で身体が繋がる」「同じ世界に入る」体験が得られるからだ。

日暮れ過ぎまでドッヂボールや秘密基地ごっこをするのに大人が関わるのは、新住民化で難しい。でも、休日の虫取りやキャンプの焚き火ならば、親役や教員役が指南できる。これらの遊びは「ゲノムを呼び覚ます」——系統発生を個体発生が繰り返す——遊びである。

アフォーダンス次元に注目すると、虫取りは一緒に動く者に「同じ世界」を生きさせる。これはゲノム的基盤による。虫取りは遅くとも猿人（オーストラロピテクス六〇〇万年前〜）からやっている。進化生物学によれば、長い時間を通じた虫取りで「同じ世界」を生きられる身体だけが生き残った。

焚き火も同じだ。今はキャンプ場などでないと無理だが、子供の頃はよくやった。子供から大人まで集まって、「同じ世界」を生きられる。焚き火の起源は原人（ホモエレクトゥス一八〇万年前〜）からだが、火を囲むとフレンドリーになる身体だけが生き残ってきたのだ。

子供は虫目《むしめ》だ。だから僕が一匹見つける間に五匹見つける。また子供は火が好きだ。だから昭和の時代は、マッチの火遊びで火事になった。子供の遊びは、「系統発生を個体発生が再生したもの」だからである。でも大人になると、文化に上書きされて、再生は終わる。

文化は多様だが、文化が上書きする以前の子供時代の身体性は、猿人や原人の時代からの集団生活に由来したゲノムによる単一のあり方を示す。だから潜在性のレベルでは、全ての子に虫取りや焚き火の身体性を期待できる。だから外遊び教育の中核に据えるのだ。

八〇年代以降に子供時代を送った親や教員の多くは虫取りと焚き火を知らず、バッチイとか危ないとか言って妨害する。こうした親や教員を除去した上、八〇年代より前に子供時代を送った大人に子を託す必要がある。拙著『子育て指南書　ウンコのおじさん』（岡崎勝・尹雄大共著、ジャパンマシニスト社）は、託された僕の実践録だ。

劣化社会への処方箋・コンテンツ編

次に、僕がゼミの実践で二十年続けてきたのがコンテンツを使う体験デザインだ。六〇年代団地化や八〇年代コンビニ化などの話をした後、分かったかを学生に問うと分かりましたと答える。僕は、分かるはずがないと思う。なぜなら体験質を想起できないからだ。

だから授業のテーマが違っても、コンテンツを与えてきた。理由は二つ。第一は、外遊びと同じく、言葉の向こうにあるシニフィエとしての体験質を実装させるため。第二は、外遊びが難しいのに似て、昨今ではリアルワールドでの体験が難しいからだ。

大学生向けには、アニミズムとはどんな世界観か、森の思考とは何か、初期定住の母系父権社会の感受性とはどんなものか、などのサブテーマを掲げてコンテンツを体験させ、僕が「言外・法外・損得外のシンクロ」と呼ぶ摩滅しかけた感受性を取り戻して貰う。

幼保や小学校の子に見せるのは、一九六〇年代の子供向けコンテンツだ。単純な勧善懲悪がないからだ。『ジャングル大帝』（手塚治虫作の漫画）では、悪いのは猛獣に見えて人が悪い。円谷プロ作品では、悪いのは怪獣に見えて人が悪い。『ゲゲゲの鬼太郎』（水木しげる作の漫画）では、悪いのは妖怪に見えて人が悪い。

そこには「善に見えて偽善」対「悪に見えて真の善」という本物／偽物モチーフや、「善の内発性で従う掟」対「所詮は損得で従う法」の掟／法モチーフや、「自分が天国に入るための利他」対「端的に助けたい利他」の利己的利他／利他的利他モチーフが、満載である。

この種のモチーフが同時期の米国に皆無なのを思うと、正義の名の下でなされた戦争翼賛への製作者の反省があろう。関連して『サイボーグ009』（石ノ森章太郎作の漫画）のように「周辺的存在に力が降りる」という江戸の人形浄瑠璃に定番の伝統モチーフもある。今の子供番組には失われた。

米国の大学で講義する際には、これらを「オフビート・フィーリング」と呼び、善は善、悪は悪、中心は中心、周辺は周辺という同語反復である「オンビート」に対比させてきた。ハリウッドには、この日本のオフビート・フィーリングの影響を受けた監督も数多い。

こうした六〇年代子供コンテンツの影響を受けた日本のクリエーター作品も多数ある。『風の谷のナウシカ』（宮崎駿作の漫画）がそうだ。悪に見える王蟲と腐海は善。善に見える人間は最終戦争を起こした悪。ちなみに連載漫画版ではこの善と悪の構図が二転三転していて、見事である。

この二十年は、深夜アニメ帯で円谷的な反勧善懲悪の作品が流れる。浦沢直樹原作『MONSTER』や、三浦建太郎原作『ベルセルク』や、フジテレビのノイタミナ・シリーズ（例えば『残響のテロル』）などである。大人向けだが、僕はこれらを子供たちに見せてきた。

大人向け作品は台詞が難解だが、それでも三人の子が四歳台の時に見せはじめた。隣にいる大人が説明すれば大丈夫だ。小さな子に、大人向けとされる反勧善懲悪作品を、大人が一緒にいる状況で見せることが、大切だ。僕自身が六〇年代コンテンツをそのように見てきた。

当時の円谷作品を監督していた満田穧《かずほ》氏に、六〇年代コンテンツの高度さの理由を尋ねた。当時の子たちが茶の間で親と一緒に見ていたので、「あの戦争」「帝国陸軍」などと難しい言葉を使っても善悪が反転しても、親が説明してくれるという前提だったと答えられた。

こうして六〇年代コンテンツを、幼少期から僕の三人の子に四歳前から見せてきた。すると年長さんの頃には、昨今ありがちな「単純な勧善懲悪もの」をつまらないと言い始める。現に僕はそれらを見て育ってきたので、「善は善、悪は悪」の同語反復がつまらなくて我慢ならない。

大人にもなって「日本スゲー、中国は悪」を叫ぶ輩を見ると、中国人の友達はおろか日本人の友達さえいない神経症的な「言葉の自動機械」なのもあるが、つまらない同語反復に群がる感情的能力の低さに呆れてしまう。まともなコンテンツ経験が、この愚を回避させよう。

今は幸いにも、Netflix、Hulu、Amazon Primeなどの動画サブスクリプションで六〇年代コンテンツを、親が体験デザイナーになって見せられる。コンテンツ研究の専門家の僕が、オーガナイズの仕方を伝えられる。親業ワークショップでは、順番付き作品リストを掲げてきた。

かくて子供たちは、「言外・法外・損得外を生きる営み」「法ならぬ掟を生きる営み」を知識を超えて実感し、憧れるようになる。子供は感受性や身体性のゲノム的潜在能力を与えられながら、それらが近代の文化で——言葉や法や損得勘定で——上書きされがちだ。

コンテンツ教育は、外遊び教育と同じで、蓋をされてしまった潜在能力を開花させ、世界に開かれた感受性や身体性を取り戻すために有効に使える。コロナ禍で今後も自宅にこもる機会が増えようが、それを逆手に取って体験デザインに乗り出してほしいと思う。

子育てによる親育ちが全てを救う

やるべきことは明らかだ。社会がどうなろうが、誰もが自分の子だけは劣化してほしくないと思う。ならば、思うだけでなく、劣化した社会を支える劣化した「クズ」にならないための方法を実践し、受け渡していくべきだ。それは、今この瞬間からでも始められる。

それはミクロな実践だ。むろん日本をマクロに立て直したい。だが、人々がちゃんとしていないのに、日本がちゃんとするなど、あり得るか。人々がちゃんとしていないのに、制度を変えれば幸せになれるなど、あり得るか。無理だ。だからミクロから始めるのである。

最後に一つ。利他的になれない。弱者同士が連帯できない。友人がいない。性愛から退却する。これらは全て、誰かと「同じ世界」を生きられないことに由来する。本書を読めば分かるが、子供は言葉が通じなくても、遊びを通じて「同じ世界」を生きる力を有する。

そして、これも本書を読めば分かるが、親が子と「同じ世界」を生きられるようになった時にだけ絆ベースの導きが可能になる。藤原さんも僕も、最初は自分の子と「同じ世界」を生きられなかった。どこか変だと思って試行錯誤することで、やっと問題をクリアした。

そのプロセスは、子供の頃には人や動物と「同じ世界」を生きる力を持っていたのに力を錆び付かせてしまった大人が、子供と「同じ世界」に入れて貰うことで力を回復するというものだ。子育てによる親育ちは、錆びた力の回復だから、その後の人生と仕事に役立つ。

僕が子育てを通じて親育ちしたことで得た「劣化した日本人を立て直す（ことで日本を立て直す）処方箋」は、藤原さんとは意見が違うかもしれない。だが「子育てを通じた親育ち」で得た様々なアイディアを持ち寄ることが立て直しに役立つことだけは、確かである。

（みやだい・しんじ　社会学者）

本書は、二〇一一年、日本経済新聞出版社より刊行された文庫『父親になるということ』に加筆、修正しました。

「人生の教科書」コレクション 全10冊

化粧函入

先生も親も上司も教えてくれない、ライフマネジメントの知恵が詰まった玉手箱

藤原和博

大学合格、就職、結婚、出産、昇進、起業など人生の転機に、35歳、45歳、55歳の誕生日に、

大事な人へのプレゼントにどうぞ！

- 『本を読む人だけが手にするもの』（特別エッセイ・前田裕二）
- 『必ず食える1％の人になる方法』（特別対談・西野亮廣）
- 『10年後、君に仕事はあるのか？』（特別エッセイ・橘 玲）
- 『処生術——自分らしく生きる方法』（特別エッセイ・勝間和代）
- 『35歳の教科書——今から始める戦略的人生計画』（特別エッセイ・古市憲寿）
- 『45歳の教科書——モードチェンジのすすめ』（特別対談・為末 大）
- 『55歳の教科書——坂の上の坂を生き抜くために』（特別エッセイ・森川 亮）
- 『父親になるということ』（特別エッセイ・宮台真司）
- 『人生の教科書［人間関係］』（解説・茂木健一郎）
- 『人生の教科書［おかねとしあわせ］』（解説・木暮太一）

ISBN:978-4-480-43787-7

函デザイン・絵＝文平銀座

本を読む人だけが手にするもの　藤原和博

これを読んだらもっと本が読みたくなる最強の読書論。厳選50冊も紹介。文庫版特典は、前田裕二のエッセイ。「人生の教科書」シリーズスタート！

必ず食える1％の人になる方法　藤原和博

「100人に1人」なら、無理しなくても誰でもなれる！ クリアすべき、たった7つの条件とは何か。文庫版特典は、キングコング西野亮廣氏との対談。

10年後、君に仕事はあるのか？　藤原和博

AIの登場、コロナの出現で仕事も生き方も激変する。小さなクレジット（信任）を積み重ねて、生き残る方法とは？ 文庫版特典は、橘玲の書き下ろし。

処生術　藤原和博

著者のデビュー作品であり活動の原点となった『処生術』を大幅にリニューアル。自分の人生の主人公になるには？ 文庫版特典は、勝間和代の書き下ろし。

35歳の教科書　藤原和博

「みんな一緒」から「それぞれ一人一人」になったこの時代、新しい大人になるため、生きるための自分だけの戦略をどうたてるのか？（古市憲寿）

45歳の教科書　藤原和博

「40代半ばの決断」が人生全体の充実度を決める。元気が湧いてくる人生戦略論。迷える世代に向けてのアドバイス。巻末に為末大氏との対談を附す。

55歳の教科書　藤原和博

人生は、後半こそが楽しい！ 上り調子に坂を上る人生を歩むために50代までに何を準備すればいいのか、本当に必要なことを提案する。（森川亮）

味方をふやす技術　藤原和博

他人とのつながりがなければ、生きてゆけない。でも味方をふやすためには、嫌われる覚悟も必要だ。ほんとうに豊かな人間関係を築くために！

人生の教科書［おかねとしあわせ］　藤原和博

「人との絆を深める使い方だけが、幸せを導く」――こう断言する著者が実践してきた幸せになるお金の使い方、18の法則とは？（木暮太一）

人生の教科書［よのなかのルール］　藤原和博　宮台真司

〝バカを伝染（うつ）さない〟ための「成熟社会へのパスポート」です。大人と子ども、お金と仕事、男と女と自殺のルールを考える。（重松清）

戦闘美少女の精神分析　斎藤環

ナウシカ、セーラームーン、綾波レイ……「戦う美少女」たちは、日本文化の何を象徴するのか。「おたく」「萌え」の心理的特性に迫る。（東浩紀）

ひきこもりはなぜ「治る」のか?　斎藤環

「ひきこもり」研究の第一人者の著者が、ラカン、コフート等の精神分析理論でひきこもる人の精神病理を読み解き、家族の対応法を解説する。（井出草平）

「ひきこもり」救出マニュアル〈理論編〉　斎藤環

「ひきこもり」治療に詳しい著者が、Q&A方式で、ひきこもりとは何か、どう対応すべきかを示している。すべての関係者に贈る明日への処方箋。

「ひきこもり」救出マニュアル〈実践編〉　斎藤環

「ひきこもり」治療に詳しい著者が、具体的な疑問に答えた、本当に役に立つ処方箋。理論編に続く、実践編。参考文献、「文庫版　補足と解説」を付す。

キャラクター精神分析　斎藤環

ゆるキャラ、初音ミク、いじられキャラetc.。現代日本に氾濫する数々のキャラたち。その諸相を横断し、究極の定義を与えた画期的論考。（岡﨑乾二郎）

承認をめぐる病　斎藤環

人に認められたい気持ちに過度にこだわると、さまざまな病理が露呈する。現代のカルチャーや事件から精神科医が「承認依存」を分析する。（土井隆義）

家族を亡くしたあなたに　キャサリン・M・サンダーズ　白根美保子訳

家族や大切な人を失ったあとには深い悲しみが長く続く。悲しみのプロセスを理解し乗り越えるための、思いやりにあふれたアドバイス。（中下大樹）

本番に強くなる　白石豊

メンタルコーチである著者が、禅やヨーガの方法をとりいれつつ、強い心の作り方を解説する。「ここ一番」で力が出ないというあなたに！（天外伺朗）

増補 オオカミ少女はいなかった　鈴木光太郎

サブリミナル効果は捏造だった？　虹が3色にしか見えない民族がいる？　否定されているのによみがえる、心理学の誤信や迷信を読み解く。

子は親を救うために「心の病」になる　高橋和巳

子は親が好きだからこそ「心の病」になり、親を救おうとしている。精神科医である著者が説く、親子という「生きづらさ」の原点とその解決法。

人は変われる　高橋和巳

人は大人になった後でこそ、自分を変えられる。多くの事例をあげ「運命を変えて、どう生きるか」を考察した名著、待望の文庫化。（中江有里）

消えたい　高橋和巳

自殺欲求を「消えたい」と表現する、親から虐待された人々。彼らの育ち方、その後の人生、苦しみを丁寧にたどり、人間の幸せの意味を考える。（橋本治）

心の底をのぞいたら　なだいなだ

つかまえどころのない自分の心。知りたくてたまらない他人の心。謎に満ちた心の中を探検し、無意識の世界へ誘う心の名著。（香山リカ）

こころの医者のフィールド・ノート　中沢正夫

こころの病に倒れた人と一緒に悲しみ、怒り、闘う医師がいる。病ではなく〝人〟のぬくもりをしみじみと描く感銘深い作品。（沢野ひとし）

増補新版 **いま、地方で生きるということ**　西村佳哲

どこで生きてゆくか、何をして生きてゆくか？ 自分の仕事や暮らしを、自分たちでつくる幸福論。8年後のインタビューを加えた決定版。

加害者は変われるか？　信田さよ子

家庭という密室で、DVや虐待は起きる。「普通の人」がなぜ？ 加害者を正面から見つめ分析し、再発を防ぐ考察につなげた、初めての本。（牟田和恵）

東大で上野千鶴子にケンカを学ぶ　遙洋子

そのケンカ道の見事さに目を見張り「私も学問がしたい！」という熱い思いを読者に湧き上がらせた、涙と笑いのベストセラー。（斎藤美奈子）

「教える技術」の鍛え方　樋口裕一

ダメ教師だった著者が、「カリスマ講師」として知られるようになったのはなぜか？ 自らの経験から見出した「教える技術」凝縮の一冊。（和田秀樹）

新版 **赤ちゃんのいる暮らし**　毛利子来

初めての赤ちゃんと、楽しく暮らすための知恵と方法がつまった本。ベテラン小児科医が「堅苦しく考えないで」とほっとさせてくれる。（本上まなみ）

生きるかなしみ　山田太一編

人は誰でも心の底に、様々なかなしみを抱きながら生きている。「生きるかなしみ」と真摯に直面し、人生の幅と厚みを増した先人達の諸相を読む。

「日本人」という、うそ　山岸俊男

現代日本の様々な問題は、「武士道」だの「品格」だのでは、解決できない。それはなぜか？　「日本人とは」という常識のうそをあばく！　（長谷川寿一）

笑う子規　正岡子規＋天野祐吉＋南伸坊

「弘法は何と書きしぞ筆始」「猫老て鼠もとらず置火燵」。天野さんのユニークなコメント、南さんの豪快な絵を添えて贈る愉快な子規句集。　（関川夏央）

超芸術トマソン　赤瀬川原平

都市にトマソンという幽霊が！　街歩きに新しい楽しみを、表現世界に新しい衝撃を与えた超芸術トマソンの全貌。新発見珍物件増補。　（藤森照信）

路上観察学入門　赤瀬川原平／藤森照信／南伸坊編

マンホール、煙突、看板、貼り紙……路上から観察できる森羅万象を対象に、街の隠された表情を読みとる方法を伝授する。　（とり・みき）

老人力　赤瀬川原平

20世紀末、日本中を脱力させた名著『老人力』と『老人力②』が、あわせて文庫に！　ぼけ、ヨイヨイ、もうろくに潜むパワーがここに結集する。

片想い百人一首　安野光雅

オリジナリティーあふれる本歌取り百人一首とエッセイ。読み進めるうちに、不思議と本歌も頭に入ってきて、いつのまにやらあなたも百人一首の達人に。

空想亭の苦労咄　安野光雅

落語好きのアンノ先生が、ネタと語り口を借りてつづる思い出咄。得意の空想癖に大笑いしながら読み進むうちに鮮やかに浮び上がる人生の苦みと甘み。

笑ってケツカッチン　阿川佐和子

ケツカッチンとは何ぞや。ふしぎなテレビ局での毎日。時間に追われながらも友あり旅ありおいしいものありのちょっといい人生。　（阿川弘之）

蛙の子は蛙の子　阿川弘之　阿川佐和子

当代一の作家と、エッセイにインタヴューに活躍する娘が、仕事・愛・笑い・旅・友達・恥・老いについて本音で語り合う共著。　（金田浩一呂）

あんな作家　こんな作家　どんな作家　阿川佐和子

聞き上手の著者が松本清張、吉行淳之介、田辺聖子、藤沢周平ら57人に取材した。その鮮やかな手口に思わず作家は胸の内を吐露。　（清水義範）

男は語る　阿川佐和子

ある時は心臓を高鳴らせ、ある時はうろたえながら、12人の魅力あふれる作家の核心にアガワが迫る。「聞く力」の原点となる、初めてのインタビュー集。

不良定年　嵐山光三郎

定年を迎えた者たちよ。まずは自分がすでに不良品であることを自覚し、不良精神を抱け。実践者・嵐山光三郎がぶんぶんうなる。（大村彦次郎）

「下り坂」繁盛記　嵐山光三郎

人の一生は、「下り坂」をどう楽しむかにかかっている。真の喜びや快感は「下り坂」にあるのだ。あちこちにガタがきても、愉快な毎日が待っている。

ごはん通　嵐山光三郎

読むだけで美味い！　日本人と米のかかわり、米の料理・食品のうまさ、味わい方を文学者のエピソードや面白蘊蓄話と共につづる満腹コメエッセイ。

杏のふむふむ　杏

連続テレビ小説「ごちそうさん」で国民的な女優となった杏が、それまでの人生を、人との出会いをテーマに描いたエッセイ集。（村上春樹）

キッドのもと　浅草キッド

生い立ちから凄絶な修業時代、お笑い論、家族への思いまで。孤高の漫才コンビが仰天エピソード満載で送る笑いと涙のセルフ・ルポ。（宮藤官九郎）

色川武大・阿佐田哲也ベスト・エッセイ　色川武大／阿佐田哲也　大庭萱朗編

二つの名前を持つ作家のベスト。文学論、落語からタモリまでの芸能論、ジャズ、作家たちとの交流も。阿佐田哲也名の博打論も収録。（木村紅美）

井上ひさしベスト・エッセイ　井上ひさし　井上ユリ編

むずかしいことをやさしく……幅広い著作活動を続け、多岐にわたるエッセイを残した「言葉の魔術師」井上ひさしの作品を精選して贈る。（佐藤優）

セルフビルドの世界　石山修武＝文　中里和人＝写真

自分の手で家を作る熱い思い。トタン製のバー、貝殻製の公園、アウトサイダーアート的な家、0円〜500万円の家、カラー写真満載！（渡邊大志）

身近な雑草の愉快な生きかた　稲垣栄洋　三上修・画

名もなき草たちの暮らしぶりと生き残り戦術を愛情とユーモアに満ちた視線で観察、紹介した植物エッセイ。繊細なイラストも魅力。（宮田珠己）

大東京ぐるぐる自転車　伊藤　礼

六十八歳で自転車に乗り始め、はや十四年。ペースメーカーを装着した体で走行した距離は約四万キロ！　味わい深い小冒険の数々。（平松洋子）

ダダダダ菜園記　伊藤　礼

畑づくりの苦労、楽しさを、滋味とユーモア溢れる文章で描く。自宅の食堂から見える庭いっぱいの農場で〝伊藤式農法〟確立を目指す。（宮田珠己）

ぼくは散歩と雑学がすき　植草甚一

1970年、遠かったアメリカ。その風俗、映画、本、音楽から政治までをフレッシュな感性と膨大な知識、貪欲な好奇心で描き出す代表エッセイ集。

雨降りだから ミステリーでも勉強しよう　植草甚一

1950～60年代の欧米のミステリー作品の圧倒的で、貴重な情報が詰まった一冊。独特の語り口で書かれた文章は何度読み返しても新しい発見がある。

北京の台所、東京の台所　ウー・ウェン

料理研究家になるまでの半生、文化大革命などの出来事、北京の人々の暮らしの知恵、日中の料理について描く。北京家庭料理レシピ付。（木村衣有子）

ヨーロッパぶらりぶらり　山下　清

「パンツをはかない男の像はにが手」「人魚のおしりは人間か魚かわからない」。〝裸の大将〟の眼に映ったヨーロッパは？　細密画入り。（赤瀬川原平）

日本ぶらりぶらり　山下　清

坊主頭に半ズボン、リュックを背負い日本各地の旅に出た〝裸の大将〟が見聞きするものは不思議なことばかり。スケッチ多数。（壽岳章子）

秀吉はいつ知ったか　山田風太郎

中国大返しに潜む秀吉の情報網と権謀を推理する「秀吉はいつ知ったか」他「歴史」をテーマにした文章を中心に選んだ奇想の裏側が窺えるエッセイ集。

昭和前期の青春　山田風太郎

名著『戦中派不戦日記』の著者が、その生い立ちと青春を時代背景と共につづる。「太平洋戦争私観」「私と昭和」等、著者の原点がわかるエッセイ集。

わが推理小説零年　山田風太郎

稀代の作家誕生のきっかけは推理小説だった。江戸川乱歩、横溝正史、高木彬光らとの交流、執筆裏話等から浮かび上がる「物語の魔術師」の素顔。

人間万事嘘ばっかり　山田風太郎

時は移れど人間の本質は変わらない。世相からマージャン・酒・煙草、風山房での日記までを1冊に収める。単行本生前未収録エッセイの文庫化第4弾。

風山房風呂焚き唄　山田風太郎

明治文学者の貧乏ぶり、死刑執行方法、ひとり酒ほか、長篇エッセイ(表題作)をはじめ、旅、食べ物、読書をテーマとしたファン垂涎のエッセイ群。

半身棺桶　山田風太郎

「最大の滑稽事は自分の死」——人間の死に方に思いを馳せ、世相を眺め、麻雀を楽しみ、チーズの肉トロに舌鼓を打つ。絶品エッセイ集。（荒山徹）

死言状　山田風太郎

麻雀に人生を学び、数十年ぶりの寝小便に狼狽し、男の渡り鳥的欲望について考察する。くだらないようで、どこか深遠なような随筆が飄々とならぶ。

パンツの面目ふんどしの沽券　米原万里

キリストの下着はパンツか腰巻か？　幼い日にめばえた疑問を手がかりに、人類史上の謎に挑んだ、抱腹絶倒&禁断のエッセイ。（井上章一）

言葉を育てる米原万里対談集　米原万里

この毒舌が、もう聞けない……類い稀なる言葉の遣い手、米原万里さんの最初で最後の対談集。VS.林真理子、児玉清、田丸公美子、糸井重里ほか。

整体入門　野口晴哉

日本の東洋医学を代表する著者による初心者向け野口整体のポイント。体の偏りを正す基本の「活元運動」から目的別の運動まで。（伊藤桂一）

風邪の効用　野口晴哉

風邪は自然の健康法である。風邪をうまく経過すれば体の偏りを修復できる。風邪を通して人間の心と体を見つめた、著者代表作。（伊藤桂一）

体癖　野口晴哉

整体の基礎的な体の見方、「体癖」とは？　人間の体をその構造や感受性の方向によって、12種類に分ける。それぞれの個性を活かす方法とは？（加藤尚宏）

東洋医学セルフケア365日　長谷川淨潤

風邪、肩凝り、腹痛など体の不調を自分でケアできる方法満載。整体、ヨガ、自然療法等に基づく呼吸法、運動等で心身が変わる。索引付。必携！

ちくま文庫

父親《ちちおや》になるということ

二〇二一年十二月十日　第一刷発行

著　者　藤原和博（ふじはら・かずひろ）
発行者　喜入冬子
発行所　株式会社　筑摩書房
東京都台東区蔵前二―五―三　〒一一一―八七五五
電話番号　〇三―五六八七―二六〇一（代表）
装幀者　安野光雅
印刷所　三松堂印刷株式会社
製本所　三松堂印刷株式会社

ISBN978-4-480-43784-6　C0195